Competenz-Competenz?

Erörterungen

zu

Artikel 78 der Verfassung des Norddeutschen Bundes.

Wir wollen nicht in einer gewaltthätigen, sondern in einer rechtlichen Gemeinschaft leben.

Graf Bismarck.

Leipzig,
Verlag von Veit & Comp.
1869.

Competenz-Competenz?

Erörterungen

zu

Artikel 78 der Verfassung des Norddeutschen Bundes.

Wir wollen nicht in einer gewaltthätigen, sondern in einer rechtlichen Gemeinschaft leben.

Graf Bismarck.

Leipzig,
Verlag von Veit & Comp.
1869.

Druck von B. G. Teubner in Leipzig.

Inhalt.

Mai 1869.

I.

Entscheidende Wendepunkte, Krisen des physisch-natürlichen Lebensprocesses pflegen als solche durch gewaltige Störungen der gewohnten Ordnung sich anzukündigen. In der Sphäre des geistig-sittlichen Lebens dagegen gibt es plötzliche und geräuschlose Krisen. Auch die sittlichen Existenzen der Staaten und der Völker-Individuen gehen durch solche ebenso unscheinbare als verhängnißvolle Momente hindurch, welche eben wegen ihres unscheinbaren Aeußern gefährlicher sind, als selbst Kriege und Revolutionen. Diese Gefahr wächst in unserer Zeit, wo die ostensible Publicität des Staats- und Völkerlebens oft genug für den gewandten Parteiführer oder auch für den Staatsmann das Mittel wird, diejenigen, deren Interessen mit den seinigen incompatibel sind, über die Bedeutung des kritischen Punktes zu einer ihren Interessen nicht homogenen Auffassung zu induciren.

Es hat von jeher zu den dankbarsten Aufgaben der Geschichtsschreibung gehört, derartige entwickelungsbestimmende Momente ihrer Verborgenheit zu entreißen, gleichsam einen Bewegungsnerven mit anatomischer Schärfe von den umgebenden Muskeln zu befreien. Und gibt es, was nicht zu bezweifeln, eine historische Stellung und Betrachtung auch der Gegenwart gegenüber, gibt es mindestens die Möglichkeit eines Strebens darnach, die Tagesereignisse objectiv und parteilos, als Producte — unter Umständen auch als Quotienten der Vergangenheit, als eine Stufe in dem Entwickelungsprocesse aufzufassen, der, wenn er nicht das Weltgericht *ist*, doch das Weltgericht vorbereitet und vorbildet: so muß es ein anziehender, ja reizender Vorwurf auch für die Mitlebenden sein, jene stillen und stillwirkenden Krisen zu erkennen und zu beobachten.

Parteilos freilich vermag heute ein denkender und durch seinen Beruf auf die aufmerksame Verfolgung der politischen Dinge hingewiesener Mann nicht zu sein. Aber nicht jedes politische Urteil und nicht jede politische Handlung eines Parteimannes ist ja nothwendig parteiisch. Graf Bismarck, der conservative Parteimann, hat als Staatsmann so unparteiisch gehandelt, daß er die Parteien zersetzt und insbesondere seine eigene Partei gründlich und nachhaltig vernichtet hat. Das Interesse unseres Preußischen Vaterlandes hat ihn außerhalb und über die Parteien gestellt. Graf Schwerin und Gneist, v. Sybel und v. Blanckenburg hat er um dieses Interesse vereinigt. Und selbst den nationalen Gedanken, die heiße Sehnsucht aller deutschen Männer hat er vor Preußens Siegeswagen gespannt. Je länger, je mehr schwindet kleinliche Eifersucht. Preußen der Hort Deutschlands. Drum durch und unter Preußen Ein Deutschland oder — finis Germaniae! Sollten sich nun die Interessen der Gerechtigkeit mit dem nationalen Gedanken minder vertragen, als die territorialen Interessen unseres Preußischen Vaterlandes? Sollte es einem Parteimanne nicht möglich sein, alle Parteigedanken verläugnend, die politische Entwicklung der Gegenwart mit dem Maßstabe juristischer, historischer, allgemein menschlicher Gerechtigkeit zu messen, ohne mit dem, auch ihm heiligen und theuern nationalen Gedanken in Conflict zu gerathen?

Versuchen wir uns an der Aufgabe. Der Norddeutsche Bund steht zur Zeit an einer der Eingangs geschilderten Krisen. Nachdem seine Verfassung unter allseitigen Compromissen zu Stande gebracht, versucht man auf verschiedenen Stellen die den Compromissen entstammenden Schranken, weil man sie als drückend empfindet, mittelst einfacher Anträge auf einzelne Verfassungsänderungen zu durchbrechen. Es darf nur an den Antrag auf Einsetzung eines Bundes-Ministeriums und an den, von dem mannhaften Vertreter der Demokratie, Waldeck, immer wieder eingebrachten Diätenantrag erinnert werden. Einen anderen derartigen Versuch wollen diese Blätter etwas näher ins Auge gefaßt wissen: die Erweiterung der durch Artikel 2 bis 5, insbesondere durch Artikel 4 der Bundesverfassung bestimmten Competenz der Bundesgesetzgebung. Der Reichstag hält die Befugniß des Bundes hierzu auf Grund von Artikel 78 der Verfassung für unzweifelhaft; er vindicirt dem Bunde insofern eine übrigens unbegrenzte Competenz-Competenz d. h. eine nach Artikel 78 auszuübende Competenz, über die Erweiterung seiner Competenz selbst zu befinden und zu entscheiden. Bei Gelegenheit des Sächsischen Antrags auf Errichtung eines Bundes-Oberhandelsgerichts zu Leipzig ist die Frage umgangen. Inzwischen ist wiederum, angeregt von zweien der bedeutendsten Parteiführer, von Miquél und von Lasker, eine Competenzerweiterungs-Motion aus dem Schoße des Reichstags hervorgegangen: die Bundesgesetzgebung wünscht man über die BV. 4, Nr. 13 genannten Gegenstände hinaus auf das gesammte Civilrecht auszudehnen.

Dieser Antrag ist, wie Competenzerweiterungsversuche dieser Art überhaupt, für die künftige Entwicklung der Norddeutschen Bundes-Verfassung präjudiciell. Denn seine Annahme Seitens des Bundesrathes gemäß Artikel 78, d. h. mit „einer Mehrheit von zwei Dritteln der vertretenen Stimmen", würde das Eingeständniß enthalten, daß der Bund eine Vereinigung sei, welche grundsätzlich keine Zweckbeschränkung, vielmehr als ihren Zweck grundsätzlich alles anzuerkennen habe, was im Staatszwecke begriffen sei. Der Norddeutsche Bund ist, falls dieser Antrag Gesetz wird, principiell Einheitsstaat, der Allerdurchlauchtigste Bundespräsident nicht blos die monarchische Spitze eines monarchischen Bundesstaates, sondern einfach Staatsoberhaupt, der Bundesrath Oberhaus, die norddeutschen Kleinstaaten Provinzen des Deutschen Staates, wie es die Preußischen Provinzen sind. Die in der dermaligen Bundesverfassung niedergelegten Beschränkungen der Bundescompetenz sinken zu der Bedeutung eines vorläufigen Programms für die nächsten Actionen des Bundes hinunter. Es liegt dieß alles für jedes näher eingehende Nachdenken auf der Hand und wird aus der Darlegung der folgenden Blätter seine Bewährung empfangen.

Jenes Eingeständniß würde mithin schon an und für sich wichtig, es würde aber geradezu von weltgeschichtlicher Bedeutung sein, wenn es mit dem ursprünglichen und bisher bewahrten Charakter des Bundes nicht in Einklang stünde. Denn alsdann läge in der Annahme der mehrbezeichneten Reichstags-Motion ein Fortschritt vom Bunde zum Einheitsstaate, der, ohne Geräusch, ohne Kampf, ohne irgend welches Opfer erzielt, selbst die ungeduldigsten Anhänger des nationalen Einheitsstaates fast überraschen müßte. Und auch diejenigen, welche diesem Fortschritte bereits auf dem berathenden — s. g. constituirenden — Reichstage mit discreter Umsicht die Wege geebnet hatten, dürften solchen Erfolg ihrer Politik kaum so vollständig und so bald zu erhoffen gewagt haben.

Unzweifelhaft ist es denn auch der nationale Gedanke gewesen, welcher jenen Antrag zu Bundesverfassung 4 Nr. 13 hat entstehen und zur Annahme gelangen lassen.

Soll man nun, auf diese nationale Absicht des Reichstages hinsehend, die kleinliche Competenzfrage bei Seite lassen? soll man vom Bundesrathe fordern, daß er in Erwägung des nationalen Bedürfnisses und etwaiger sachlicher Zweckmäßigkeit des Antrages einstimmig denselben sanctionire und so auch in diesem Falle, wie jüngst in dem der Oberhandelsgerichts-Motion die Klippe der Competenzfrage unter Reservation aller Zuständigkeiten umschiffe? Thue man so: man wird binnen Kurzem sich wieder einer ähnlichen Klippe gegenüber befinden, um immer und immer weiter in ein unsicheres Fahrwasser hineinzugerathen, in dem allendlich der ohnehin wenig solide Kiel der Rechtsreservation aufrennen und bersten muß. Die Incongruenz von Thatsache und Recht ist niemals gefährlicher gewesen, als in unsern Tagen. Man muß dieß Fahrwasser meiden.

Die Competenzfrage ist eine Rechtsfrage. Die Entwickelung der Bundesverfassung kann gar nicht das Recht der Bundesgenossen ignoriren wollen. Der Strom des nationalen Gedankens, einmal in das Bett verfassungsmäßiger Entwickelung geleitet, ist nicht revolutionärer Natur. Läßt sich der Erörterung der Rechtsfrage nun, wie bemerkt, ohne Gefahr nicht aus dem Wege gehen, so muß der nationale Gedanke sich mit derselben und sie muß sich mit jenem auseinandersetzen.

Es ist mithin im Interesse gedeihlicher Entwickelung des Norddeutschen Bundes die Erörterung der Rechtsfrage:

> kann aus Artikel 78 der Verfassung für den Norddeutschen Bund eine Competenz des Bundes abgeleitet werden, sich selbst seine Competenz zu erweitern?

ebensowol erlaubt, als geboten.

Um die Objectivität der Untersuchung nicht zu beeinträchtigen, seien die politischen Erwägungen von der juristischen Entscheidung getrennt. Wir theilen unsere Darstellung in einen geschichtlichen (II. III.), einen juristischen (IV.) und einen politischen Theil (V.).

II.

Perfidie und Hinterhaltigkeit kann Preußens Deutscher Politik, insbesondere seitdem Graf Bismarck der Lenker derselben ist, sicherlich von keiner Seite irgend mit Grund vorgeworfen werden. Auch in Beziehung auf die Einrichtung der an die Stelle des Deutschen Bundes zu setzenden Einung hat sie von Anfang an, unmaskirte Züge auf dem politischen Schachbrette zu thun, für gut befunden, und der Plan, den sie damals offen entwickelte, ist bis zur Stunde von ihr festgehalten.

An dem historisch denkwürdigen 14. Juni des glorreichen Jahres 1866 verließ der Preußische Gesandte den vertragsbrüchig gewordenen Bundestag mit der Erklärung:

> Preußen halte an den nationalen Grundlagen und an der über die vorübergehenden Formen erhabenen Einheit der Deutschen Nation fest und sehe es als eine unabweisbare Pflicht der Deutschen Staaten an, für die letztere den angemessenen Ausdruck zu finden.

Es ward den Deutschen Staaten also nicht zugemuthet, sich selbst aufzugeben zu Gunsten eines Deutschen Staates. Nur die berechtigte Forderung ward an sie gestellt, daß sie als Staaten der thatsächlich vorhandenen Einheit der ihnen allen gemeinsamen nationalen Grundlage die ihr gebührende organische Wirksamkeit nicht länger versagen möchten; für die Einheit der Deutschen Nation sollte — nicht ein einheitlicher Staat mit allumfassenden Zwecken, sondern es sollte für dieselbe „der angemessene Ausdruck“ gefunden werden.

Gleichzeitig legte der Königliche Gesandte „die vom 10. Juni datirten Grundzüge einer“ solchen „den Zeitverhältnissen entsprechenden Einigung“ vor, die auf anderem Wege bereits den einzelnen Deutschen Regierungen bekannt gegeben waren. Auch diese Grundzüge wissen nichts von einem neuen Bunde mit allumfassendem Staatszweck. Sie sind in Wahrheit nur die „alten durch eine Reform modificirten Grundlagen, auf welchen Preußen „einen neuen

Bund" zu schließen bereit war. Kriegführung und Friedensschluß, völkerrechtliche Vertretung, Zoll- und Handels-Gemeinschaft sollten unbedingt der Willkür und Autonomie der Deutschen Staaten entzogen und dem Organismus der nationalen Einheit zugewiesen sein. Außerdem wird dem künftigen Bunde eine „gesetzgebende Gewalt", aber nicht schlechthin, sondern nur „auf denjenigen Gebieten" zugetheilt, „welche derselben zugewiesen sind," und welche im VI. Artikel der „Grundzüge" unter eilf Ziffern zusammengestellt waren. Schutz des Bundesgebietes, Pflege des Rechts und der Wohlfahrt waren, wenn man die Sache etwas abstracter formulirt, die in concreto sehr circumscripten Grenzen, innerhalb deren der neue Bund arbeiten sollte.

Wurde das im ehemaligen Deutschen Bunde liegende Verhältniß in diesen Grenzen und zu diesen Zwecken erweitert, so mußte der neue Bund natürlich auch eine neue Verfassung erhalten: „die Umgestaltung des Bundestages" sollte (Artikel III) mit einem Deutschen Parlamente vereinbart werden.

Nachdem Preußen sich das Zugeständniß „einer neuen Gestaltung „Deutschlands ohne Beteiligung des Oesterreichischen Kaiserstaates" eben so wie das Recht, ein „engeres Bundesverhältniß nördlich „von der Linie des Mains" selbständig „zu begründen" [Nikolsburger Friedens-Präliminarien Art. 2. Prager Friede Art. IV] unter der staunenden Bewunderung der Mitwelt durch einen gewaltigen und unaufhaltsamen Siegeslauf erkämpft hatte, hielt es an jenen Grundzügen im Wesentlichen fest.

Unterm 18. August 1866 schloß es zu Berlin mit denjenigen nordmainischen Fürsten, welche zum Theil — wie namentlich der Großherzog von Mecklenburg-Schwerin — „mit eigner Gefahr und „mit patriotischer, rückhaltloser Bereitwilligkeit die Möglichkeit der „neuen nationalen Entwickelung erstritten hatten" oder doch hatten erstreiten helfen, einen Bündnißvertrag ab. Zweck desselben war die Constituirung des im Prager Frieden vorgesehenen Norddeutschen Bundes. Mit dieser ev. aber nach Ablauf eines Jahres sollte er sein Ende erreichen. Diesem Bündnisse traten dann in den respectiven Separat-Friedens-Verträgen auch die bisher auf Oesterreichs Seite gestandenen norddeutschen Staaten, soweit sie nicht ihre Selbständigkeit durch den Krieg verloren hatten, bei. So Sachsen, Hessen, Meiningen, Reuß ä. L. Der zweite Artikel dieses Vertrages — des

„pactum de contrahendo foedere Germaniae septentrionalis“ — lautet:

„Die Zwecke des Bündnisses sollen definitiv durch eine Bundes=„verfassung auf der Basis der Preußischen Grundzüge vom 10. Juni „1866 sichergestellt werden unter Mitwirkung eines gemeinschaft=„lich zu berufenden Parlaments.“

Der künftige Bund sollte also auch jetzt noch nicht alle möglichen, sollte am wenigsten den allumfassenden Staatszweck, sondern er sollte bestimmte einzelne Zwecke haben. Neu war gegenüber der Erklärung vom 14. Juni nur das, daß die in den Grundzügen vom 10. Juni angegebenen Zwecke einer „definitiven“ Sicherstellung, also möglicher, ja wahrscheinlicher Weise auch einer Vermehrung und Erweiterung durch jenes deutsche Parlament ausgesetzt wurden, welchem in den Grundzügen eine Cognition über die Bundeszwecke überall nicht, sondern nur die „Vereinbarung“ der Bundesverfassung innerhalb der vertragsmäßig festgestellten Bundescompetenz=Grenzen war zugewiesen worden. Immerhin aber sollten auch jetzt die unter Mitwirkung des Parlaments „sichergestellten“ Competenzgrenzen des neuen Bundes „definitive“ sein.

In diesem Sinne faßten denn auch die Bundesgenossen die Sache auf. In den Separatsfriedens=Instrumenten, in dem speciellen Bündnisvertrage mit den beiden Mecklenburg, in den die Wahlen zum constituirenden Reichstage betreffenden Landesverordnungen tritt fast durchgehends und sehr bestimmt die Anschauung hervor, daß es sich um die Schöpfung eines Bundes — nicht von noch völlig ungewisser, die Selbständigkeit der Deutschen Staaten möglicher Weise ganz aufhebender Competenz, sondern von bereits wesentlich bestimmten, nur noch „näher“ und „definitiv“ festzustellenden Zwecken handle. Die „Basis“ des Bündnisses vom 16. August, die von der Königlich Preußischen Regierung „vorgelegten und mit einem zu berufenden Parlamente zu „vereinbarenden Grundlagen“, die „Gegenstände, welche der Bündniß=„vertrag dem Parlamente zuweist“, „diejenigen Angelegenheiten, welche „nach Artikel 6 und 10 der Reformvorschläge der Gesetzgebung nud Ober=aufsicht der Bundesgewalt unterliegen“, „Bundesverfassung zu den unter den Verbündeten vereinbarten Zwecken“ sind in dieser Hinsicht eines Commentars nicht bedürftige Wendungen der bezeichneten Urkunden. Und wenn in einzelnen Wahlverordnungen derartige Restrictionen nicht expressis verbis ausgedrückt sind, wenn z. B. das Weimarische

Gesetz vom 21. November 1866 schlechthin von einem „mit dem ge„treuen Landtage beschlossenen Anschluß an ein mit dem Königreiche „Preußen noch näher zu vereinbarendes Bündniß" redet, so liegt doch schon in dem Worte „Bündniß" und in der Bezugnahme auf die anteacta, — die Verhandlungen mit dem getreuen Landtage —, die jenen Restrictionen entsprechende Voraussetzung per aequipollens beschlossen. Und ganz dasselbe muß von der in einige Wahlverordnungen übergegangenen Formel des Preußischen Gesetzes vom 15. October 1866 (§ 1) gelten: „Zur Berathung der Verfassung und „der Einrichtungen des Norddeutschen Bundes soll ein „Reichstag gewählt werden." Denn „der Norddeutsche Bund" kann am 15. October 1866 nur der im Bündnißvertrage vom 16. August errichtete Bund sein, dessen „Verfassung" —, nach den Grundzügen vom 10. Juni —, ebensowol, als — nach dem Bündnißvertrage — seine „Einrichtungen" d. h. die Gegenstände seiner Competenz und insofern seine Zwecke „definitiv sicherzustellen" waren.

Jedes Bedenken gegen die thatsächliche Richtigkeit dieser Ausführungen würde vor den Erklärungen verschwinden, welche Preußen selbst in den zur Feststellung des dem Parlamente zu unterbreitenden Verfassungsentwurfs am 15. December 1866 zu Berlin zusammengetretenen Bundes-Conferenzen abgegeben hat. Um die Mängel des ehemaligen Deutschen Bundes von vornherein von dem neuen Bunde fern zu halten, „ist es nöthig, die verbündeten Staaten durch Her„stellung einer einheitlichen Leitung ihres Kriegswesens und ihrer „auswärtigen Politik fester zusammenzuschließen und gemeinsame „Organe der Gesetzgebung auf dem im 4. Artikel des Verfassungs„Entwurfs genau bezeichneten Gebiete der gemeinsamen In„teressen der Nation zu schaffen." Dieß genüge aber auch; „die „Königliche Regierung hat sich bei dem vorliegenden Entwurf der „Bundes-Verfassung auf die Berücksichtigung der allseitig erkannten „Bedürfnisse beschränkt, ohne über dieselbe hinaus die Bundes„gewalt in die Autonomie der einzelnen Regierungen eingreifen zu lassen."

Anlage zum ersten Protokoll der pp. Conferenzen [Glaser, Archiv des Norddeutschen Bundes 3, 5.].

Wie weit man im Allgemeinen entfernt war von der Absicht, ein Staatswesen von genereller, allumfassender Competenz zu schaffen, oder auch nur über die dringendsten Bedürfnisse hinauszugehen, das beweist sich auch an der völlig einsamen Stellung, welche Oldenburg und Gotha mit ihren Anträgen auf ein „Oberhaus unter entsprechen„der Beschränkung des Bundesrathes", auf ein „Bundes-Ministerium", auf einen „mit den wesentlichsten constitutionellen Rechten ausgestat„teten Reichstag", dem „ein gleichberechtigtes Fürstenhaus an die „Seite gestellt wäre", innerhalb der Conferenzen einnahmen. Je unverhohlener insbesondere Gotha seine Unzufriedenheit damit zu erkennen gab, daß es „zur Schaffung einer einheitlichen Centralgewalt" nicht gekommen sei, um so klarer liegt vor, daß man auch auf jenen Conferenzen die jener einheitlichen Centralgewalt entsprechende generelle Einheit, etwa nur mit vorläufig beschränktem Programme nicht wollte.

Schlußprotokoll bei Glaser a. a. O. S. S. 17. 18.

Und genau denselben Standpunkt nimmt die Thronrede ein, mit welcher am 24. Februar 1867 Se. Majestät der König Wilhelm von Preußen Kraft der ihm durch das Protokoll vom 18. Januar e. a. von den Bundesgenossen übertragenen Präsidialbefugnisse den s. g. constituirenden Reichstag eröffnete. Nachdem sie „die Nothwendigkeit" betont hat, „die Einigung des Deutschen Volkes an der Hand der „Thatsachen zu suchen und nicht wieder das Erreichbare dem Wün„schenswerthen zu opfern", fährt sie fort:

„In diesem Sinne haben die verbündeten Regierungen im An„schlusse an gewohnte frühere Verhältnisse sich über eine Anzahl „bestimmter und begrenzter, aber praktisch bedeutsamer Ein„richtungen verständigt, welche ebenso im Bereiche der unmittel„baren Möglichkeit wie des zweifellosen Bedürfnisses liegen.

„Der Ihnen vorzulegende Verfassungs-Entwurf muthet der Selbst„ständigkeit der Einzelstaaten zu Gunsten der Gesammtheit nur „diejenigen Opfer zu, welche unentbehrlich sind, um den Frieden „zu schützen, die Sicherheit des Bundesgebietes und die „Entwickelung der Wohlfahrt seiner Bewohner zu gewähr„leisten.

„Meinen Hohen Verbündeten habe ich für die Bereitwilligkeit zu „danken, mit welchen sie den Bedürfnissen des gemeinsamen Vater„landes entgegengekommen sind. Ungeachtet des allgemeinen Ent„gegenkommens, und obschon die gewaltigen Ereignisse des letzten „Jahres die Unentbehrlichkeit einer Neubildung der Deutschen Ver„fassung zu allseitiger Ueberzeugung gebracht und die Gemüther für

„die Annahme derselben empfänglicher gemacht hatten, als sie früher „waren und später vielleicht wiederum sein würden, haben „wir doch in den Verhandlungen von Neuem die Schwere der Auf„gabe empfunden, eine volle Uebereinstimmung zwischen so vielen „unabhängigen Regierungen zu erzielen, welche bei ihren Zu„geständnissen obenein die Stimmungen ihrer Landstände zu be„achten haben.“

Hierauf folgt eine Mahnung an die Herrn vom Reichstage, nicht solche Aenderungen an dem Verfassungsentwurfe vornehmen zu wollen, für welche ein Einverständniß der Regierungen nicht zu erzielen sei. Dann die Worte:

„Heute kommt es vor Allem darauf an, den günstigen Moment zu „Errichtung des Gebäudes nicht zu versäumen; der vollendetere Aus„bau derselben kann alsdann getrost dem ferneren vereinten Wirken „der Deutschen Fürsten und Volksstämme überlassen bleiben.

Sehen wir einstweilen von diesen letzten Worten ab, so ist Alles sehr einfach. Nach den großartigen Erfolgen des Jahres 1866 waren die nationalen Erwartungen außerordentlich gesteigert. Theoretisirende Behandlungen des Lieblingsthemas Deutscher Publicistik, der Nationalverein, die großdeutsche Association hatten längst das Volk belehrt, ein Staatenbund vermöge die angemessene Form für die Deutsche Einheit nicht zu sein; auf einen Einheitsstaat müsse das Absehen sich richten, wenn schon man einen wahren Bundesstaat à la Nordamerika als Abschlagszahlung sich einstweilen gefallen lassen könne. Diesen Erwartungen trat man nun mit dem Entwurfe einer Bundesverfassung gegenüber, die nicht staatenbundlich, nicht bundesstaatlich, nicht einheitsstaatlich, sondern eine Organisation für bestimmte und begrenzte einzelne Einrichtungen war. Nicht deutsche Einheit, sondern eine, wenn schon organisch ziemlich stramm gegliederte Vereinigung deutscher Staaten zur Durchführung bestimmter gemeinsamer Aufgaben und zur Wahrung einzelner gemeinsamer Interessen —, war das Befriedigung des nationalen Sehnens? War das nicht vielmehr ein Guß kaltes Wassers in die auf dem Altare des Vaterlandes lodernde Opferflamme Deutscher Begeisterung? Dieser Frage begegnet die Thronrede nicht mit einer Bemäntelung oder Schönfärbung der Thatsachen, sondern ehrlich und geradaus, wie es durch und durch ihr und ihrer Urheber Charakter ist, mit dem Eingeständnisse, daß der von den Fragern beklagte und gerügte Charakter des Verfassungs-Entwurfs in Wahrheit vorhanden sei; gleichwol verdiene derselbe nicht Vorwürfe und Klagen, sondern Billigung; denn die deutsche Einheit lasse sich nicht eben so leicht herstellen, als sie sich auf Schützen- und Sänger-Festen betoasten und beredehalten lasse. Die Staatsweisheit habe sich auch hier an das praktisch Nothwendige zu halten, welches eben als solches auch das Erreichbare sei. Ohnehin alterire selbst dieses Minimum von Einheit die Autonomie der Bundesgenossen schon in dem Grade, daß die ganze Wucht der Ereignisse des Jahres 1866 dazu gehört habe, um die Zustimmung der letzteren zu dem vorgelegten Entwurfe zu erlangen. Verlasse der Reichstag die Bahn dieser staatsklugen Selbstbeschränkung, so werde selbst jenes Minimum von Einheit in Frage gestellt. Denn ob die Bundesgenossen sammt und sonders später, wenn die Farben der 1866er Erinnerungen zu erbleichen begonnen haben würden, zum zweiten Male bereit sein möchten, auch nur so viel von ihrer Selbständigkeit zu opfern, wie sie jetzt zu opfern im Begriffe wären, steht sehr dahin.

Weit entfernt also, den Bundesverfassungs-Entwurf als ein vorläufiges Programm darzustellen, welches beliebiger Erweiterung nach allen Seiten der staatlichen Lebens- und Wirkens-Fülle fähig sei, gibt das Bundespräsidium offen und ehrlich zu, daß die Bundeszwecke definitiv einzelne bestimmt begrenzte, ihre Begrenzung und Erweiterung von der Einstimmigkeit und Opferwilligkeit aller und jedes einzelnen der zweiundzwanzig Bundesgenossen abhängig seien. Der neue Bund ist nach der Thronrede wie nach dem Preußischen Wahlgesetz nur ein Bund für bestimmte „Einrichtungen" auf militärischem diplomatischem, finanziellem, mercantilem Gebiete. Diese „Einrichtungen" sind seine, auf völkerrechtlichem Vertrag und einhelligem Entschluß der Bundesgenossen sicher ruhende Competenz. Die Competenzgränzen mag der constituirende Reichstag immerhin zu erweitern versuchen; denn er ist zur definitiven Sicherstellung nicht bloß der „Verfassung", sondern auch der „Einrichtungen" des Norddeutschen Bundes berufen. Aber er soll dabei eingedenk bleiben, daß solche Versuche nur gelingen können, wenn sie von der einstimmigen Billigung von zweiundzwanzig deutschen Regierungen begleitet sind.

Solcher Sprache dem ungeduldig harrenden Deutschen Volke gegenüber war immerhin nur ein zweifelhaftes Prognostikon zu stellen. Ihr Erfolg konnte nur von dem Uebergewichte der zünftigen, berechnenden und im rechten Augenblicke entschlossen handelnden Staatsweisheit über die Aspirationen und Velleitäten eines zwar national erregten aber doch dilettantischen Parteitreibens erhofft werden. Und in der That hatte Graf Bismarck sich damals schon ein so großes Anrecht auf das Vertrauen aller aufrichtigen Freunde nationaler Bestrebungen erworben, daß die nüchtern-praktischen Darlegungen und Mahnungen der Thronrede als vorsichtig-diplomatische Wegweiser der endlich aber sicher zur ersehnten Einheit führenden Pfade aufgefaßt werden konnten. Gelang es, diese Auffassung zu befördern, ohne die Bundesgenossen vor den Kopf zu stoßen, so war ein günstiger Erfolg der Thronrede schon um vieles wahrscheinlicher.

Diesem Zwecke entsprachen genau die oben aus der Rede zuletzt allegirten Worte. Wir müssen inzwischen bei denselben noch etwas verweilen. Wie sie lauten, scheinen sie nämlich eine andere, dem im Vorstehenden entwickelten Inhalte aller früheren Urkunden und der Thronrede selbst geradezu widersprechende Auslegung zuzulassen. So wenig ein derartiger Widerspruch an sich wahrscheinlich ist, so sehr könnte doch der siebente Artikel des in der Thronrede bezielten Entwurfes einer Verfassung für den Norddeutschen Bund für jene andere Auslegung benutzt werden. Im Alinea 2 des Artikel 7 findet sich nämlich hinsichtlich des Bundesrathes folgende Bestimmung:

„Die Beschlußfassung erfolgt mit einfacher Mehrheit mit Ausnahme „von Beschlüssen über Verfassungsänderungen, welche zwei Drittel „der Stimmen erfordern."

Weitere Bestimmungen über Verfassungsänderungen enthält der Entwurf nicht. Daß Verfassungsänderungen, da sie im Wege der Gesetzgebung erfolgen mußten, der Zustimmung des Reichstages bedurften, verstand sich nach Artikel 5 des Entwurfs freilich von selbst. Aber die *Initiative* zu Verfassungsänderungen war dem Bundesrathe [Artikel 7], dem Reichstage dagegen nirgends eingeräumt; vielmehr verordnete Artikel 23 ausdrücklich:

„Der Reichstag hat das Recht, Gesetze *innerhalb der Competenz des Bundes* vorzuschlagen."

So, scheint es, hätten denn die Bundesgenossen sich von vornherein dahin verständigt, die Competenzgrenzen des Bundes einer Seits zwar der spontanen Einwirkung des Reichstages zu entziehen, anderer Seits aber doch auch nicht so definitiv festzustellen, daß jede

Erweiterung derselben eines Zusatzbündnisses d. h. der Unanimität aller Bundesgenossen bedürfte. Die Competenz wäre darnach eine grundsätzlich unbeschränkte, die augenblickliche Beschränkung derselben ein vorläufiges Programm, dessen beliebige Erweiterung in verfassungsmäßigem Wege, also nach Maßgabe des Artikels 7 jeder Zeit offen bliebe. Jeder der zweiundzwanzig Bundesgenossen hätte also nicht nur in die „Einrichtungen" des Bundes, wie solche im Entwurfe bestimmt, sondern auch darein consentirt, daß künftige neue Competenzbestimmungen und das ins Leben treten „neuer Einrichtungen" von seiner Zustimmung nicht unbedingt abhängig sein sollten.

In Zusammenhalt hiermit würde dann der Schluß der obigen Angabe aus der Thronrede sich so umschreiben lassen: jetzt kommt es darauf an, „das Gebäude zu errichten" d. h. den die Bundescompetenz-Grenzen ziemlich enge steckenden Entwurf wesentlich so anzunehmen, wie er vorliegt. Ist die Annahme erfolgt, so kann „der Ausbau des Gebäudes getrost dem vereinten Wirken der Deutschen Fürsten und Volksstämme überlassen bleiben", d. h. der Artikel 7 wird dann schon dafür sorgen, daß jede beliebige Competenzerweiterung, wenigstens jede, die der Präsidialmacht genehm ist, zu Stande kommt. Denn zu den 17 Preußischen Stimmen werden sich 11 oder 12 von den übrigen 26 immerhin hinzufinden, welche im einzelnen Falle einer Competenzerweiterung zustimmen, während jeder Gedanke an Competenzverengerung an dem Widerstand der Präsidialmacht zu Schanden wird, die über 17 Stimmen, also über mehr als ein Drittel von 43 Stimmen verfügt.

Die Plumpheit einer solchen prävaricirenden Apostrophe der Präsidialmacht an Abgeordnete fremder Unterthanen wäre augenfällig. Und schon hiermit ist die Interpretation, welche auf sie hinführt, gerichtet. Das wissen wir gewiß und sonder Zweifel, daß König Wilhelm und sein General-Staatsminister erhaben, hoch erhaben sind über die Insinuationen dieser Auslegung. Dieselbe stellt sich aber auch außerdem als fehlsam, ja als unmöglich dar. Denn ganz abzusehen von dem Widerspruch, in welchen sie diesen einzelnen Satz mit dem übrigen Inhalt der Thronrede wie mit den gesammten früheren Kundgebungen versetzen würde, wäre es bei ihrer Annahme völlig unerklärlich, welche Veranlassung man hatte, die Zustimmung gerade zu den damals vorgelegten Competenzbestimmungen dem constituirenden Reichstage erst noch so ausführlich und bringend zu empfehlen. Nehmt die Euch gemachten Propositionen ja an; ändert und erweitert sie thunlichst gar nicht; denn Aenderungen und Erweiterungen können Euch ja gar nicht entgehen. Sie sind aber weit bequemer zu bewerkstelligen, wenn der Norddeutsche Bund und mit ihm der Artikel 7 des Entwurfs definitiv sanctionirt sind, als sie es jetzt sind, wo nicht $^{2}/_{3}$ der Stimmen aller Bundesgenossen, sondern alle Bundesgenossen dazu consentiren müssen. — Würde man so zu sprechen sich bewogen gefunden haben einem Reichstage gegenüber, in welchem die Koryphäen norddeutscher Parlamentspraxis sich zusammenfanden? Hätte man nicht vielmehr in zuversichtlicher Rechnung auf das eigne Einsehen des Reichstages diesen, doch auf alle Fälle sehr delicaten Punkt mit Stillschweigen übergangen? Und nun gar die Bundesgenossen? welche Rolle teilt ihnen jene Interpretation zu? Sie sollten mit der einen Hand ihre Unabhängigkeit in der, selbst von der anerkennend und reservirt gehaltenen Thronrede deutlich hervorgehobenen Zähigkeit festgehalten haben, um sie mit der andern Hand in Bausch und Bogen der Zweidrittel-Majorität des Artikel 7 zu überliefern? Einzelne Competenzen dem Bunde zu überliefern sollen sie sich ganz hartnäckig geweigert haben, nur um demselben eine, obenein schrankenlose Competenz-Competenz willig zu überliefern? Eine Reihe gewiegter Juristen sollte übersehen haben, daß es Thorheit sei, heute mit einer oder mit einem Drittel aller Stimmen Competenzbestimmungen abzuweisen, welche morgen vermöge der heute von allen Stimmen consentirten Zweidrittel-Majorität durchgedrückt werden könnten? — — —

Dazu kommen nun aber noch zwei positive Anhaltspunkte für die richtige Interpretation der uns beschäftigenden Worte der Thronrede und des mit ihnen zu Unrecht in Verbindung gesetzten Artikels 7 des Verfassungs-Entwurfs. Dieser Artikel nämlich erfordert die Zweidrittel-Majorität für „Verfassungsänderungen"; wir wissen aber, daß sowol die Thronrede, als das Preußische Wahlgesetz die Gegenstände der Bundescompetenz als „Einrichtungen" von der „Verfassung" des Bundes unterscheidet. Diesem Sprachgebrauch gemäß müßte im Artikel 7 nicht bloß „Verfassungsänderungen", sondern etwa „Aenderungen der Verfassung oder Einrichtungen des Bundes" o. dgl. stehen, um die gegnerische Interpretation als zulässig erscheinen zu lassen. Und was endlich den Satz der Thronrede betrifft, so verweist derselbe die Hoffnungen auf den „vollendeteren Ausbau" des schleunig zu errichtenden Gebäudes an das „fernere vereinte Wirken der Deutschen Fürsten und Volksstämme.“ Würde dieser Ausdruck von dem prägnanten und gedrungenen Style der Thronrede wol gewählt worden sein, wenn „Fürsten und Volksstämme“ gleich Bundesorgane gemeint gewesen wären? Liegt nicht in demselben vielmehr eine vernehmliche Hinweisung darauf, daß der vollendetere Ausbau auch ferner von dem guten Willen der einzelnen Bundesstaaten, — „Volksstämme“ nicht „Volk“ —, abhängig sein werde, ein guter Wille freilich, der durch die Gewalt der Thatsachen leicht in Bewegung kommen werde, wenn nur erst das jetzt geplante, wie sehr auch noch unvollkommene Gebäude errichtet sei?

Und damit genug von Verfassungsentwurf und Thronrede. Die Daten und Urkunden bis hierher haben uns das Resultat ergeben:

> Die Einung, welche der Entwurf einer Verfassung für den Norddeutschen Bund auf Grund völkerrechtlicher Verträge geplant und zu regeln versucht hat, ist ein Organismus zu bestimmt begrenzten einzelnen Zwecken, ein Organismus ad hoc, nicht ein Organismus von staatsrechtlich-allgemeiner Potenz.

Mit diesem Resultate stimmt der auch in der heutigen Verfassung unverändert stehen gebliebene Eingang des Entwurfes zu derselben aufs Beste zusammen, auf welchen wir später noch einmal zurückkommen.

Der Entwurf ist nun aber dem constituirenden Reichstage vorgelegt und von demselben wie auf andern Punkten, so auch in denjenigen Artikeln nicht unerheblich verändert worden, welche mit der uns beschäftigenden Competenzfrage in Zusammenhang stehen. Den von den Bundesgenossen festgestellten „Einrichtungen des Norddeutschen Bundes“ sind zum Teil nach eingehenden Debatten eine Reihe von Gegenständen hinzugefügt, so die Gesetzgebung und bzw. Oberaufsicht über Staatsbürgerrecht, Paßwesen und Fremdenpolizei, über Herstellung von Land- und Wasserstraßen, über den Flößereibetrieb, über das Obligationenrecht, Strafrecht und das gerichtliche, nicht-civilprocessualische Verfahren, über das Militärwesen des Bundes und die Kriegsmarine, über Maaßregeln der Medicinal- und Veterinärpolizei. Namentlich aber ist im 7. Artikel des Entwurfs — jetzt Artikel 7 al. 2 der Verfassung — die Bezugnahme auf Verfassungsänderungen gestrichen und dafür gegen den Schluß der Verfassungs-

Urkunde hin ein eigner Artikel eingefügt worden. Dieser Artikel 78 der heutigen Verfassung lautet:

„Veränderungen der Verfassung erfolgen im Wege der Gesetz„gebung, jedoch ist zu denselben im Bundesrathe eine Mehrheit „von zwei Dritteln der vertretenen Stimmen erforderlich."

Wie die übrigen, so sind auch diese Abänderungen des Entwurfes von den Bundesgenossen am 16. April 1867 einstimmig angenommen worden. Der Inhalt der so entstandenen heutigen Verfassung des Norddeutschen Bundes stellt also den legitimen Vertragswillen der Bundesgenossen dar. Und hat der Artikel 78 den Norddeutschen Bund wirklich aus einem Organismus ad hoc zu einem Organismus staatsrechtlich und staatlich umfassender Natur gemacht, der nur aus zufälligen Rücksichten den Umfang seiner actuellen Wirksamkeit fürs Erste durch das Programm der Artikel 4, 30 ff. beschränkte: so hat jeder der Bundesgenossen diese seine eigene Schöpfung für die ewigen Zeiten zu respectiren, für welche der Norddeutsche Bund abgeschlossen worden ist.

Ob dem Artikel 78 diese Bedeutung innewohne? steht daher zur Frage. Und das Nächstliegende scheint eine Beantwortung derselben aus dem reichen Schatze von Ansichten zu versuchen, welchen die gesetzgeberischen Materialien zu dem Artikel 78 darbieten. Inzwischen reduciren sich diese auf die stenographischen Berichte über die Verhandlungen des Reichstages des Norddeutschen Bundes im Jahre 1867. Und es braucht an dieser Stelle nicht erst ausgeführt zu werden, sondern steht unter erfahrenen Juristen fest, daß aus widersprechenden, zum guten Teil höchst subjectiven Gründen und Gegengründen der Parlamentsredner, von welchen doch keiner den Anspruch hat, als Gesetzgeber zu gelten, für die Interpretation eines Gesetzes irgend stringente Schlüsse nicht gezogen werden können. Die Mißlichkeit derartiger Deductionen aus Parlamentsacten ist aber, so viel die Acten des constituirenden Reichstages betrifft, noch dadurch vermehrt, daß dem Reichstag nicht eine, sondern zweiundzwanzig Regierungen gegenüberstanden. Selbst wenn also im einzelnen Falle einundzwanzig derselben durch ihre Bundescommissare der Auffassung eines Abgeordneten beigetreten wären, würde die eine darnach übrige Regierung freie Hand behalten haben, einer andern Auffassung zu folgen, von welcher aus sie zu demselben Resultate gelangte. Auf eine bestimmte Absicht des Gesetzgebers, auf einen bestimmten Vertragswillen der contrahirenden Bundesgenossen aus diesen Materialien zu schließen, ist rein unmöglich.

Daneben behalten dieselben einen geschichtlichen und materiellen Werth, der auch bei Interpretation der Verfassung nicht unterschätzt werden darf, allerdings. Denn wie sich einerseits aus dem von ihnen dargestellten geschichtlichen Hintergrunde der Verfassung der Interpretation Indicien ergeben können, so enthalten andererseits gerade Deutsche Parlamentsreden auch der theoretisch- und praktisch-juristischen Deductionen noch genug, um der Interpretation eine Summe von nicht zu ignorirenden Zweifels- und Erwägungsgründen an die Hand zu geben.

Wir geben daher einen Auszug aus den für unsere Frage relevirenden Verhandlungen des constituirenden Reichstages unten unter Nr. III. An dieser Stelle aber sehen wir von einer Benutzung der stenographischen Berichte ab.

Fassen wir also den 78. Artikel seinem Wortlaute nach ins Auge und vergleichen wir ihn mit den aus den früheren Daten und Urkunden gewonnenen Resultaten. Wir werden dann zwei Interpretationen als zunächst an sich möglich bezeichnen müssen.

Competenzerweiterungen, Vermehrung der „Einrichtungen des Norddeutschen Bundes" alteriren, so kann man sagen, die jetzt in 79 Artikeln vorliegende Urkunde der Bundesverfassung. Sie sind insofern Verfassungsänderungen und haben nach Maßgabe des Artikel 78 zu geschehen, sind aber auch nach diesem Artikel ganz unbedenklich zulässig.

Es ist nicht bloß die unter den modernen Juristen so beliebte französische Interpretation des Gesetzes lediglich aus sich, es ist nicht bloß jener, in einer jungen constitutionellen Praxis sich gleichsam von selbst aufdrängende Formalismus der Gesetzesanwendung, es ist vielmehr unzweifelhaft auch der Schein einer besonders loyalen Auffassung des neuen Bundesverhältnisses, durch welche diese Interpretation für sich einnimmt. Gegen dieselbe spricht, um an dieser Stelle noch von allem Andern abzusehen, die Vorgeschichte der Verfassung. Nach derselben war jeder Bundesgenosse bona fide wol berechtigt, den Artikel 78 ganz ebenso zu verstehen, wie der Artikel 7 des Entwurfs nach dem vorher Ausgeführten verstanden werden muß und verstanden worden ist, d. h. also die nicht ausdrücklich erwähnten Erweiterungen der „Einrichtungen" oder Competenz des Bundes als von dem Artikel 78 der Natur der Sache und dem bisherigen Sprachgebrauche nach außer Betracht gelassen anzusehen. Und ging auch nur ein einziger der Bundesgenossen, als er der amendirten Verfassung am 16. April 1867 consentirte, von dieser Anschauung aus, so ist kein Vertrag zu Stande gekommen, durch welchen die Bundesgenossen das ihnen bis dahin unzweifelhaft zuständig gewesene und ihnen im Artikel 78 ausdrücklich gewiß nicht abgesprochene Recht aufgegeben hätten, Erweiterungen der Bundescompetenz selbst durch den Widerspruch nur einer Stimme zu verhindern.

Das Aeußerste, was sich hiernach zugeben läßt, ist, daß Artikel 78 der Ausdruck eines derartigen vertragsmäßigen Verzichtes sein könnte. Gewiß aber bleibt daneben, daß er nach Lage der Sache, wie nach dem Sprachgebrauche der die Errichtung des Bundes vorbereitenden Actenstücke diesen Sinn keineswegs nothwendig haben muß. Enfin: — in dubiis id quod minimum est sequimur.

Damit würde dann zugleich die zweite der vorher als an sich möglich bezeichneten Interpretationen gerechtfertigt sein. Nach derselben bezielen die Worte des Artikel 78: „Veränderungen der Verfassung" nicht jede mögliche Veränderung des Inhaltes der Verfassungs-Urkunde, sondern nur die Veränderungen in demjenigen Organismus, welcher zur Verfolgung der mittelst völkerrechtlichen Vertrages und unter Mitwirkung des Parlaments „definitiv sichergestellten" Zwecke des Norddeutschen Bundes ins Leben gerufen worden ist, — die Veränderung in der „Verfassung", welche den „Einrichtungen des Norddeutschen Bundes" dient. Competenzerweiterungen würden mithin in den Formen des Artikel 78 nicht, sondern nur im Wege eines Zusatzvertrages, der zunächst unter den Bundesgenossen abzuschließen und dann etwa wieder durch den Reichstag „definitiv sicher zu stellen" wäre, zu Stande kommen können.

Unterstützend für diese zweite Interpretation, die uns übrigens im IV. Abschnitt noch ein mal und ausführlicher beschäftigen wird, kommen die Aeußerungen des Allerdurchlauchtigsten Bundespräsidenten in der Thronrede zum Schlusse des constituirenden Reichstages und zur Eröffnung des darauf folgenden Landtages in Betracht. Die letztere erwähnt mit keiner Sylbe einer allen staatlichen Zwecken zugewandten Einheit, sondern gibt in Einklang mit dem Eingange der Verfassungsurkunde nur ganz bestimmte Zwecke —, Schutz des Bundesgebietes, Pflege des gemeinsamen Rechts, Pflege der Wolfahrt des Volks, — an, welche auf der nationalen Grundlage verfolgt werden sollen. Bei der Allgemeinheit dieser Kategorieen darf man aber nicht vergessen, daß diese Thronrede die Bekanntschaft mit der Verfassungsurkunde voraussetzen durfte und am wenigsten in der Lage war, statt einer rubrikenartigen Remission auf dieselben die einzelnen Competenzbestimmungen der Verfassungsurkunde selbst in sich aufzunehmen.

Deutlicher noch spricht die Thronrede zum Schlusse des constituirenden Reichstages. Der betreffende Satz bedarf keines Commentars. Er lautet:

„Die Bundesgewalt ist mit den Befugnissen ausgestattet, welche „für die Wolfahrt und die Macht des Bundes unentbehrlich, „aber auch ausreichend sind, — den Einzelstaaten ist, unter „Verbürgung ihrer Zukunft durch die Gesammtheit des Bun„des, die freie Bewegung auf allen den Gebieten verblie„ben, auf welchen die Mannichfaltigkeit und Selbstständigkeit der „Entwickelung zulässig und ersprießlich ist."

Das war die Ansicht des Bundespräsidium und der Bundesgenossen, in deren Namen Se. Majestät König Wilhelm von Preußen sprach, über das nunmehr „definitiv sichergestellte" Verfassungswerk. Die weitere Entwickelung desselben wurde wiederum „getrost der Zukunft überlassen", — der Zukunft, also nicht der Kraft des bereits damals vorhandenen, also nicht zukünftigen Artikels 78 der Verfassung für den Norddeutschen Bund.

Auf dem Preußischen Landtage haben im Herrnhause die staatsrechtliche Autorität von Heffter, im Abgeordnetenhause der Berichterstatter Twesten der im Vorstehenden aus der Geschichte der Norddeutschen Bundesverfassung begründeten Ansicht über den Artikel 78 der Norddeutschen Bundesverfassung sich durchaus conform erklärt. Twesten äußerte hier:

„Soweit die bestehenden Verfassungen der einzelnen Staaten nicht „geändert sind" [sc. durch die mit dem sogenannten constituirenden Reichstage vereinbarten Verfassung], „so weit können sie nicht „ohne die Zustimmung der Einzelnstaaten weiter geändert werden. „Will also der Bund seine Competenz erweitern, so würde meines „Erachtens auf legalem Wege nichts anderes übrig bleiben, als „zu solchen Competenzerweiterungen abermals, sei es vorher oder

„nachher, die Zustimmung der gesetzgebenden Gewalten der einzel-
„nen Staaten einzuholen."

Und Heffter:

„Eine Aenderung der Bundesverfassung, selbst wenn die Bundes-
„gesetzgebung sich dazu herbeilassen wollte, kann immer nur unter
„Zustimmung beider Häuser des Preußischen Landtages wie der
„Versammlungen aller anderen Staaten möglich sein."

Kaum wäre noch der Bezeichnung dieses Bundes als eines „eng verschmolzenen Staatenvereins" in der Thronrede zum Schluß derselben Session des Preußischen Landtages (24. Juni 1867) zu erwähnen, wenn dieselbe nicht ein Gegengewicht darböte gegen etwaige Argumente, die aus der Addresse des ersten ordentlichen Reichstages entnommen werden könnten. Denn hier ist der Errichtung des Norddeutschen Bundes als „der staatlichen Einigung Norddeutschlands" gedacht.

III.

Eine Recapitulation oder Statistik aus den stenographischen Berichten des constituirenden Reichstages beabsichtigen wir nicht. Allbekannte Hülfsmittel sind hierfür Jedem zur Hand, der um diese Dinge sich bekümmern zu müssen oder zu wollen in der Lage ist. Woran uns, wenn wir jetzt auf die Verhandlungen des sogenannten constituirenden Reichstags eingehen, liegt, ist, aus dem Verlaufe derselben —, es kommen die General-Discussion und die Verhandlungen zu Art. 2 bis 7 des Entwurfs in Betracht, — die geschichtliche Grundlage, welche wir für unsere Untersuchung soeben gewonnen haben, zu vervollständigen.

Constatiren wir zunächst, daß über den Charakter des im Verfassungsentwurfe geplanten publicistischen Wesens, des beabsichtigten Norddeutschen Bundes, innerhalb des Reichstages sehr viele und nicht immer durch Klarheit oder sonst wodurch ausgezeichnete Ansichten bestanden. „Staat", „Ein großer Staat einigermaßen neu„tralisirt durch den Bundesrath," „der deutsche Staat der allgemei„nen Wehrpflicht," eine „Vorbereitung auf den Deutschen Einheits„Volks-Staat", ein „Staatsgebilde, zusammengesetzt aus straffer „Centralgewalt [Preußen] und communaler Autonomie" [Bundesge„nossen], „Gruppe des deutschen Vaterlands in einem besondern „Staatswesen befestigt", „Bundesstaat", „Staatenbund", „Bund", „Gesellschaftsvertrag", — „Einheitsstaat im einen, Bundesstaat im „andern, Staatenbund im dritten Abschnitte", „Staatenbund und „Bundesstaat", „zusammengesetzter Staat", constitutionelles „Staats„gebilde nach außen, materiell aber eine Reihe von Staatsverträgen", — wir meinen die Musterkarte ist bunt genug. Wir verdenken es Georg von Vincke, dem erfahrenen und durch Erfahrung gewachsenen Veteranen von Frankfurt nicht, wenn er eine große Gleichgültigkeit gegen diese Extemporalia staatsrechtlicher Construction an den Tag legte und mit dem ihm eigenen caustischen Sarkasmus bemerkte: „Wir haben in unserer Mitte Professoren genug, um diese Sache

„einmal gründlich zu untersuchen, und es wird gewiß zu unserer „allgemeinen staatsrechtlichen Aufklärung beitragen, wenn wir etwa „aus einem der viel gelesenen hiesigen Blätter erfahren, worüber die „Herren einig geworden sind. Bis dahin wollen wir uns weiter kei„nen Namen geben, als den, welchen wir jetzt tragen; wir wollen „von dem Norddeutschen Bunde reden und dabei — mag sich ein „Jeder denken, was er will." Wünschenswerth wäre es freilich gewesen, wenn nun auch wirklich alle oder doch alle Parteiführer sich etwas Klares „dabei gedacht" hätten. Doch wir haben noch zwei Auffassungen nachzuholen. Sie stammen von zwei Männern, welche man unbedenklich als die Führer derjenigen Partei des sogenannten constituirenden Reichstages bezeichnen kann, die je nach ihrer Neigung das Votum desselben nach rechts oder nach links ausschlagen machte. Miquél findet die geplante Verfassung rauh und eckig; nicht Reich, nicht Bundesstaat, nicht Staatenbund, ohne Analogie mit Nordamerika, ohne Analogie mit der Schweiz, durchaus „originell", „groß", er macht der Deutschen Nation das Compliment, daß solches Original nur von einem großen Volke geschaffen werden könne. Lasker aber redet von einem Bundesstaate, der seinem Ursprung nach auch Vertragsnatur habe, zugleich bemerkt er jedoch: „Hinter diesem Norddeutschen Bunde stehe ein festgegliedertes Staatsganzes."

Wichtiger als diese gelegentlichen Constructionsübungen ist die Stellung der Reichstagsparteien zu dem von den verbündeten nordmainischen Fürsten vorgelegten, unter Preußens prädominirendem Einflusse entstandenen Verfassungsentwurfe. Die Fortschrittspartei, d. h. die Reste dieses Kukukseies, welches der Budgetconflict in das Nest des Liberalismus gelegt hatte, verharrten entschieden im positiven Gegensatz. Sie wollte klar und bestimmt einen Preußischen Einheitsstaat auf breitester demokratischer Grundlage. Hatte das zähe Ausharren in der Conflictszeit ihr bittere Früchte gebracht, so sollten die Früchte der Bismarck'schen Politik, so wünschte sie, ihr nun um so gewisser als gerechter Lohn zufallen. Allein die Sache kam zunächst bekanntlich anders. Die praktischeren und politisch klügeren ebenso wie die gemäßigten Mitglieder der ehedem „großen Partei" schieden sich je länger desto entschiedener von den Theoretikern, den Principienmännern und den Demokraten ohne Reserve, und die Fortschrittsreste mußten sich mit der bescheidenen Rolle begnügen, vom

Standpuncte des nationalen Einheits-Volks-Staates ihren Widerspruch gegen die Vorlage der Bundesregierungen Punkt für Punkt zu constatiren und zu motiviren, im übrigen aber den Nationalliberalen die Majorität zu verschaffen, so oft deren Feldzugsplan bei seiner Ausführung mit den Consequenzen ihrer Theorien zusammentraf.

In noch unglücklicherer Lage waren die Particularisten, eine übrigens bekanntlich schon damals aus den verschiedensten Elementen zusammengewürfelte Gesellschaft. Auch sie mußten ja negiren. Consequent hätte ihre Antithese der Staatenbund in seiner allerlockersten Form, insbesondere eine neue verbesserte und verminderte Auflage des verlebten Deutschen Bundes sein müssen. Allein diese Position wäre gänzlich desperat gewesen. Man begnügte sich also, soweit man nicht — uns ist dabei besonders eine Rede des Abgeordneten von Minckwitz und die durch Graf Bismarcks Erwiderung berühmt gewordene Rede von Münchhausens im Sinn — am Schelten und Toben seine, vom Reichstag mit bereitwilliger Nachsicht gegen das Unglück gewährte Befriedigung fand, mit dem Versuche, den Standpunkt des Bundesstaates zur Geltung zu bringen. Am bestimmtesten geschah dieß durch die erfolglosen Anträge von Hermann Adalbert Zachariä zum II. Abschnitt (Artikel 2—5) des Entwurfs. Mit der consequenten Schärfe, die dem klar bewußten Principe eines berühmten Publicisten eignet, warnte er in wenigen Worten vor dem Einheitsstaate nicht bloß, sondern auch vor der „schiefen Ebene", auf welcher man zum Einheitsstaat „hinabrutsche". Es müsse in der Verfassung ausdrücklich ausgesprochen sein, daß dem Bunde nur die ihm ausdrücklich eingeräumten Rechte zukämen. Und eben dahin ging sein Antrag. Leider schloß Zachariä aber mit einem verhängnißvollen Worte: „Wo die Verfassung anfängt, da hört der Vertrag auf!" Richtig verstanden ganz correct; in dieser Umgebung dem ärgsten Mißverständniß preisgegeben. Nachdem die Verfassung zu Stande gekommen, entbehren die Verträge der Bundesgenossen aller und jeder praktischen Bedeutung und aller rechtlichen Wirkung! so interpretirt gebraucht die auf den Einheitsstaat hinarbeitende Partei das Wort Zachariä's noch heute. Gemeint war doch nur: insofern und soweit der Vertragsinhalt in die Verfassung übergegangen, gilt die Verfassung und nicht mehr der Vertrag.

Und nicht bloß die Einheitsstaatler, sondern auch der Kreuzzeitungs-Gründer, Abgeordnete Wagner, haben jenes Wort so mißverstanden. Denn er entgegnete Zachariä, die von ihm, Zachariä, verlangte Bestimmung gebe keine Garantie, da sie selbst wieder durch Verfassungsänderung beseitigt werden könne, und dann sei nach jenem Dictum wieder nichts als die Verfassung da. Wir müssen noch bei diesem Abgeordneten verweilen. Er hatte eine große Partei oder vielmehr Anzahl von Männern hinter sich, in deren Namen er fast ausschließlich das Wort führte, die sogenannte Partei der Conservativen. Wir sagen sogenannte Partei der Conservativen; denn wir halten, wie schon einmal bemerkt, die conservative Partei für todt oder doch in einem höchst bedenklichen Stadium von Starrkrampf liegend. Jene wohlgesinnten, königstreuen Preußen, die durch Dick und Dünn mit einem Ministerium gehen, weil der an der Spitze stehende geniale Staatsmann einstmals als Parteimann zu ihrer Fahne gestanden hat, wir schätzen sie aufrichtig hoch und wissen, daß ein guter Theil des sittlichen und christlichen Gehaltes unserer Nation in ihren Reihen concentrirt ist. Aber eine Partei sind sie nicht mehr; denn eine Partei muß bei aller Opferwilligkeit und bei allem Patriotismus doch eine eigene Fahne haben, und wenn auf der nur noch steht: „für König", so ist „Mit Gott ... und Vaterland" von ihr verschwunden; in Wahrheit: was unser Herrgott fürs Vaterland von einem Manne fordert, der's mit seinem Könige gut meint? darauf haben diese Leute nur noch die eine Antwort: dasselbe zu wollen, was Bismarck will! — Die Debatte des Preußischen Abgeordnetenhauses über den Hannöverischen Provincialfonds hat später die Auflösung dieser Partei besiegelt. Es kann nicht Wunder nehmen, daß dieselbe auch im Reichstage von 1867 nur für einen Zweck lebte: Bismarck's Intentionen gemäß mit äußerster Eile den Entwurf, thunlichst wie er vorlag und ohne Amendirungen durch das parlamentarische Sieb zu drücken. Das war in diesem Falle vielleicht patriotisch gehandelt, wie denn auch Männer, die Bismarck's Diener wahrhaftig nie waren, z. B. Georg von Vincke, nach derselben Seite wirkten. Was aber sehr in Erstaunen setzen muß, das ist das Mittel, welches der Abgeordnete Wagner zu diesem Zwecke nicht ein-, sondern mindestens dreimal spielen ließ. Was nach dem vorher weitläufiger Ausgeführten die Thronrede mit dem „vollendeten Ausbau" des „heute zu errichtenden Gebäudes" entschieden nicht gemeint hatte, das meinte der Abgeordnete Wagner aus derselben herauslesen zu müssen, um die erwünschte Beschleunigung zu erzielen. Er war es also, der der Sache nach — gern glauben wir: ohne es so zu meinen — dem Reichstage des Wiederholten vordemonstrirte: jetzt nehmt nur Alles an, denn jetzt kann noch der Widerspruch Eines Bundesgenossen jedes Amendement unannehmbar machen; habt ihr dann die Bundesgenossen mit dieser Scheinconcession abgefunden, dann kommt die zwei Drittel Majorität im Bundesrathe, mit welcher jede beliebige Competenzerweiterung möglich sein wird! „Nur nicht anticipiren!" Wir versprechen euch, wenn ihr jetzt uns folgt, wir „werden dann liberale Mitarbeiter sein."

Wie stellten sich zu dieser Offerte die Nationalliberalen? Nun, daß sie der Auffassung, durch die im 7. Artikel des Entwurfes vorbehaltene Verfassungsänderung mit zwei Drittel Majorität werde in Zukunft jede Competenzerweiterung sich besorgen lassen, widersprächen, konnte man von ihnen nicht verlangen. Vielmehr acceptirten sie dieselbe utiliter. Aber die Offerte nahmen sie darum doch nicht an. Auf dieselbe hin Amendements zu unterlassen, so gutmüthig ist wol nur der Reußjüngerelinische Abgeordnete Jäger gewesen. Vielmehr stellten sie ein Amendement nach dem andern und zwar in ganz systematisch politischer Art, nach strategisch und taktisch wol erwogenem, späterhin von ihnen öffentlich eingestandenem Feldzugsplane. Von dem dieser Partei mit der Fortschrittspartei unverrückbar gemeinsamen Standpuncte des Einheitsstaates wurden die wünschenswerthen Abänderungen des Entwurfs im Schooße der Partei durchberathen; es wurden dann die Chancen der darnach erforderlichen Anträge erwogen, und, sobald dieselben nicht ganz sicher waren, je zwei Anträge anstatt eines formirt, ein weitergehender, der etwa unter dem Namen Miquéls ausgieng, und ein minder weit gehender, mit dem man aber zur Noth doch erreichte, was man brauchte; dieser trug dann etwa den Namen Lasker, was übrigens nicht verhinderte, daß Lasker dann auch für Miquél's Antrag stimmte. Genug, es spielte sich folgende Komödie vor dem aufmerksamen Beobachter ab: die Nationalliberalen behaupteten, Wagner hat ganz Recht; sobald wir unter Dach sind, d. h. der Norddeutsche Bund fertig ist, setzen wir jede Competenzerweiterung, die jetzt Unanimität der Bundesgenossen erfordert, mit zwei Drittel Majorität bei denselben durch. Gleichwol setzen wir Alles daran und geben uns die äußerste Mühe, jetzt durchzusetzen, was wir irgend können, und stellen Amendement über Amendement! Mit dem Grafen Schwerin diese gesammten Competenzdebatten des sogenannten constituirenden Reichstages auf den Wunsch zurückzuführen, bei künftigen Gesetzesverhandlungen im Bundesrath nicht schon eine Minorität von 15, sondern erst die Majorität von 22 Stimmen im Bundesrathe respectiren zu müssen, scheint uns doch wirklich bei der parlamentarischen Gewandtheit und Erfahrung gerade der nationalliberalen Parteiführer etwas — nun etwas constitutionell-formalistisch. Die einzig haltbare Erklärung liegt u. E. vielmehr in der Annahme, daß die Nationalliberalen der Allmacht der Wagnerischen zwei Drittel Majorität doch selbst nicht recht trauten. — Und eben auf dieselbe Annahme führen die Zwillingsanträge von Lasker und Miquél zu Artikel 4—5 und resp. 7 des Entwurfs. Dieselben berühren unsere Frage ganz speciell; daher wir bei ihnen noch etwas verweilen.

Miquél's Antrag lautet:

„Der Reichstag wolle beschließen, zwischen Artikel 4 und 5 als „neuen Artikel einzuschalten:
„Art. — Der Bund ist befugt, im Wege der Gesetzgebung auch „solche Einrichtungen zu treffen und Maaßregeln anzuordnen, „welche auf andere als die im Art. 4 bezeichneten Gegenstände sich „beziehen, wenn dieselben im Gesammtinteresse nothwendig werden. „Der Erlaß solcher Gesetze ist an die für Verfassungsveränderun„gen vorgeschriebenen Formen gebunden."

Natürlich mußte es sehr auffallend sein, daß derselbe Mann, dieselbe Partei, welche so bestimmt erklärte: „Gegen die Verfassungsänderung gibt es keine Schranke!" erst noch einen solchen Artikel für nöthig hielt. Was Antragsteller seinen Gegnern gegenüber bemerkte: Wer im Interesse der Autonomie der Einzelstaaten gegen den Antrag stimme, müsse auch gegen den, die Verfassungsänderungen betreffenden Artikel 7 des Entwurfs stimmen, — man brauchte es nur umzukehren, um ein großes Fragezeichen hinter dem Antrag Miquél setzen zu können. So war denn derselbe auch von sehr vielen Seiten betrachtet, noch ehe er debattirt wurde. Und selbst der Großherzoglich Hessische Bundescommissarius, dem sonst das Bestreben, seine Regierung und sich populär zu machen, die Klarheit des Blicks wol bisweilen beeinträchtigte, stutzte hier: Der Antrag bedeute, meinte er, entweder nichts oder er bedeute die Centralisation, die das Gegenstück zum Particularismus sei. Und der Abgeordnete Wagner, der Erfinder der Competenzerweiterung mit zwei Drittel Majorität, fand, man streite sich bei diesem Antrag „in einer außerordentlich erschlafften Weise um Worte, die eigentlich auf dasselbe hinauskommen“; wie dieses Sentiment, so war übrigens jene seine ganze Rede ein lebendes Bild zu dem Thema: wie jemand den Wald vor Bäumen nicht sieht. Wie verhielt sich der intelligente und gewiegte Bürgermeister von Osnabrück zu dem seinem Kinde angehängten Fragezeichen? Nun als deutscher Mann sagte er jedem, der Ohren hatte zu hören, daß sein Antrag den Einheitsstaat sichern wolle, als Parteiführer aber warf er demselben auch noch ein kleines zierliches juristisches Mäntelchen um, um auch andere, minder hellhörige, sagen wir unbefangenere Naturen zu gewinnen. „Wir wollen weiter ... (als Herr von Vincke). Wir wollen einen wahren Staat gründen, der ... alle diejenigen Aufgaben erfüllen kann und erfüllen soll, welche ein Staat sich stellen muß.“ War das nicht deutlich? Aber gleichwol, der Antrag als solcher, so deducirte Miquél weiter, ist ganz außerordentlich unschuldiger Natur. Was wir für unsern Staat wollen, haben wir schon im Artikel 7. Es handelt sich nur um eine kleine Form. Nach Artikel 7 müßte jedes neue Gesetz, welches nicht genau in den engen Competenzrahmen der Verfassung paßte, der Verfassung einverleibt werden; denn es wäre ja Verfassungsänderung. Das wäre unleidlich; die Verfassung würde dann unmäßig anschwellen; Taschenausgaben, so fügen wir hinzu, wären dann gar nicht mehr zu bewerkstelligen, und das wäre doch sehr Schade! — Drum soll der Antrag ermöglichen, derartige Gesetze wennschon materiell nach den für Verfassungsänderungen geltenden Normen, doch formell als einfache Gesetze zu erlassen. Es soll ermöglicht werden, z. B. ein Deutsches — — — „National-Museum“ zu gründen, ohne in die Verfassungsurkunde einen National-Museums-Artikel aufzunehmen! — — — Gutes National-Museum! Vielleicht hast Du es gerade verschuldet, daß der Antrag kein Glück hatte! Zwar Hiersemenzel's Commentar hat mit sehr wenigen andern gerade diesen Passus der Miquél'schen Rede als eine Cardinalstelle für Bestimmung der Bundescompetenz aus den zweimal 743 Spalten der stenographischen Berichte herausgeschnitten. Aber der Abgeordneten größtem Teile muß wol der unschuldige Antrag durch den etwas nach Deutschem Schützenbund und Sängertag riechenden Hinweis auf ein Museum zu unschuldig geworden sein. Auch die Bedenken des Legationsrathes Hoffmann waren durch den Hinweis auf die wünschenswerthe Compendiosität der Verfassungsdrucke ebenso wenig, als durch das National-Museum beschwichtigt. Kurz der Antrag fiel.

Es folgte aber ein zweiter Anlauf der nationalliberalen Partei auf dasselbe Ziel. Durch Lasker's gleich zu referirenden Antrag wurde freilich die Competenz-Competenz des Bundes nicht so präcis und explicite ausgesprochen, als sie es durch Miquél's Zusatz gewesen sein würde. Allein etwas wurde, wie die spätere Entwickelung und der heutige Stand dieser Frage schlagend bewiesen hat, nach dieser Seite dennoch gewonnen. Es wurde mindestens die Operationsbasis für fernere Erstreitung einer Competenz-Competenz verbreitert; die bisherige Operationsbasis, den Artikel 7 des Entwurfs hielten die Nationalliberalen, wie schon bemerkt, aller Versicherungen des Abgeordneten Wagner unerachtet, für zu wenig solid. Der Abgeordnete Lasker beantragte:

„Der Reichstag wolle beschließen:

„zu Art. 7:

„a) in alinea 2 die Worte „„mit Ausnahme““ bis „„erfordern““ „zu streichen;

„b) mit dem Amendement a. für untrennbar zu erklären und als „besonderen Artikel an den Schluß der Verfassung zu setzen:

„Art. —. Veränderungen der Verfassung erfolgen im Wege „der Gesetzgebung, jedoch ist zu denselben im Bundesrathe „eine Mehrheit von zwei Dritteln der vertretenen Stimmen „erforderlich.“

Natürlich war auch dieser Antrag wieder ganz unschuldiger Natur. Daß die Verfassungsänderung „ohne Grenze“ d. h. einschließlich der Competenzerweiterung aus Artikel 7 des Entwurfs sich von selbst verstehe: darüber konnte man ja damals des Einverständnisses sogar mit Wagner sich rühmen. Jeder Zweifel daran, den die Nationalliberalen hätten blicken lassen, wäre nicht blos ein Zweifel an der Einsicht, sondern auch eine Unhöflichkeit gegen das rückhaltslose und courageuse Entgegenkommen dieses neuen Bundesgenossen gewesen, der dann wieder nur seine Klagen über die schlaffe Wortstreiterei hätte wiederholen müssen. Also daß es sich in Wahrheit hierum handle, wurde nicht gesagt. Vielmehr war es wieder fast nur eine formelle, „redactionelle“ Rücksicht, welcher der Antrag Rechnung tragen wollte.

Der Artikel 7 that nämlich der Mitwirkung des Reichstags zu Verfassungs-Aenderungen keine Erwähnung. Daß es der Zustimmung desselben bedürfe, verstand sich freilich nach Artikel 5 des Entwurfs von selbst. Die Initiative aber zu Verfassungsänderungen zu ergreifen, dieses Recht konnte dem Reichstage aus Artikel 23 des Entwurfs:

„Der Reichstag hat das Recht, Gesetze innerhalb der Com-
„petenz des Bundes vorzuschlagen."

mit gutem Grunde bestritten werden. Viel konnte just hieran nicht gelegen sein; denn mit Resolutionen auf den Bundesrath einen Druck auszuüben, war dem Reichstage jedes Falls unverwehrt. Und mehr als einen solchen Druck bedeutete auch die gesetzgeberische Initiative des Reichstages nicht. Zudem war der Antragsteller „der Meinung, daß die Abfasser des Verfassungsentwurfes eine so weittragende Bedeutung sich bei den Worten des Artikels nicht gedacht haben." Allein nichts geht über die Deutlichkeit und Klarheit. Und der Lasker'scher Seits beantragte Artikel sollte es aussprechen, daß dem Reichstage die Initiative zustehe. Lasker réussirte. Sein Artikel bildet eben unsern Artikel 78 in der heutigen Verfassung des Bundes. Wunderbar nur, daß der so sehr auf Deutlichkeit bedachte Jurist —, vor Eile? oder vor Freude über seinen Erfolg? oder aus — — recht gutem Vorbedacht? — anscheinend vergessen hat, nach Annahme des correctorischen Artikels den articulus corrigendus zu purificiren. Denn der Artikel 23 lautet nach wie vor, wie er im Verfassungs-Entwurfe gelautet hat! Vergeblich hat man auch in der 22. Sitzung des Reichstags auf eine Purificatoria gewartet. Und wie die Verfassung lautet, ist die Frage der Initiative des Reichstages nun erst recht verwickelt. Man kann sagen: Artikel 23 entzieht dem Reichstage die Initiative und Artikel 78 stellt dieselbe nicht ausdrücklich wieder her! Artikel 78 sagt also nur, was Artikel 7 des Entwurfs aussprach und fügt hinzu, was nach Artikel 5 des Entwurfs und der Verfassung sich von selbst versteht. Eine Initiative hat der Reichstag bei solchen Verfassungsänderungen, die Competenz-Erweiterungen sind, dann auch jetzt noch nicht. Man kann aber auch sagen: Artikel 78 von einer Initiative des Reichstags verstanden widerspricht dem Artikel 23 in keiner Weise. Vielmehr ist es gerade die Absicht des Artikel 78, dem Reichstage auch für diejenigen Verfassungsänderungen, welche Competenzerweiterungen sind, die Initiative zu sichern, den Weg der Gesetzgebung, wie er vom Artikel 23 vorgezeichnet, auch für — — — Competenz-Erweiterungen prakticabel zu machen. Und so liegt denn gerade in dem anscheinend unbedachten Conserviren des Artikel 23 vielleicht die eigentlichste Bedeutung des Lasker'schen Amandements, das Mittel, durch letzteres den Zweck des verworfenen Amendements Miquél zu sichern! Aus dem Vergleiche der Artikel 23 und 78 läßt sich mit einem Scheine Rechtens die Competenz-Competenz des Bundes verfassungsmäßig begründen*).

Ob dieser Schein trügt? ob nicht? werden wir in dem juristischen Theile dieses Schriftchens zu untersuchen haben. Und wenn wir auch über die Nationalliberalen des sogenannten constituirenden Reichstages kaum noch etwas hinzuzusetzen haben, so sind wir mit diesem Abschnitte ziemlich am Ende.

Denn die übrigen Parteien zu berühren, lohnt sich nicht. So sehr sie als Abstimmungsfactoren ins Gewicht fielen, so wenig haben sie doch auf dem Reichstage irgend eine bewußte Stellung eingenommen. Insbesondere gilt dies von dem merkwürdigen Parteigebilde der Freiconservativen, welche man wohl richtiger vornehme Liberale theils, theils Nichtmehrconservative nennen dürfte, Romantiker der Politik, welche trotz aller Reden des Grafen Bethusy-Huc durchdrungen sind von der Wichtigkeit eines Wortes, das andern Sterblichen als Parteiloosung nicht eben empfehlenswerth scheinen möchte, des Wortes: „il y a des choses, qui se font, mais qui ne se disent pas.“

Gehen wir nun von dem Verhalten der Parteien innerhalb des Reichstages zu dem der Bundescommissarien über, so haben wir des Legationsrathes Hoffmann schon wiederholt gedacht. In den von diesem redegewandten Beamten gethanen Aussprüchen ist ein Unterschied zu machen: bisweilen, aber keineswegs immer hat er Namens aller Bundescommissarien das Wort ergriffen. Lediglich in eignem und resp. in dem Namen seiner Regierung hat er in Anlaß des Miquél'schen Antrags die Möglichkeit anerkannt, daß die Bun-

*) Das zu Art. 7 des Entwurfs noch von Kratz gestellte und von Windthorst unterstützte Amendement, wornach zu Verfassungs-Aenderungen auch innerhalb des Reichstags zwei Drittel Majorität erforderlich sein sollte, ist abgeworfen und für unsere Untersuchung nicht von Belang.

descompetenz im Wege der Verfassungsänderung erweitert werde. Lediglich in eigenem Namen hat er ferner seinen im Namen der übrigen Commissarien gegebenen Erläuterungen „zu Artikel 3 des Entwurfs" einen Schluß wiederum zu Gunsten der Competenz-Competenz hinzugefügt. Im Namen aller mit Preußen verbündeten Regierungen aber gab er anläßlich des Braun'schen, Grundrechte betreffenden Amendements zu Artikel 4 eine Erklärung ab, welche sich so resumiren läßt: Der Verfassungs-Entwurf sei hervorgegangen und wurzele aus und in dem Rechtsboden der Bündnis- und Friedens-Verträge. Alle einem dringenden Bedürfnis entsprechenden Anträge werde man Seitens der Bundesregierungen annehmen. Aber — man sei gebunden durch die Vertragstreue und durch die Pflicht der Selbsterhaltung. —

Nun wir meinen, die Verbündeten hätten den Rechtsboden, in dem ihre Stellung wurzelte, im Gegensatz zu dieser bündigen Erklärung total preisgegeben, sie hätten die Pflicht der Selbsterhaltung in ein Aufopfern ihrer Existenz verwandelt, wenn sie wirklich mit dem Großherzoglich Hessischen Bundescommissar sich in antecessum jeder mit zwei Drittel Majorität beliebten Competenz-Erweiterung, oder was dasselbe ist, jedem neuen Bundes- oder Einheitsstaats-Verhältnisse unterworfen hätten, welche der post varios casus post tot discrimina rerum gegründete Nordbund per majora decretiren würde!

Mit besonderer Spannung mußte aus naheliegenden Gründen jeder Erklärung der Commissarien der Preußischen Regierung über die Competenzfrage entgegengesehen werden von Allen, welche die Tragweite der letzteren damals überschauten. Es gehören hierher aber zwei Reden des Grafen Bismark und eine Aeußerung des Bundes-Commissars von Savigny.

In der berühmten Rede mit dem Sattel-Finale [„Setzen wir Deutschland, so zu sagen, in den Sattel! Reiten wird es schon können",] constatirt Graf Bismark, daß man in den Conferenzen an eine „Verfassung" im Rechtssinne gar nicht gedacht*), sondern nur ein Minimum von Concessionen habe finden wollen, welche die Sonder-Existenzen auf deutschem Gebiete der Allgemeinheit machen müßten, wenn diese Allgemeinheit lebensfähig sein solle. In einer recht-

*) „Wir mögen das Elaborat . . . mit dem Namen der Verfassung belegen oder nicht, das thut zur Sache nichts."

lichen, nicht in einer gewaltthätigen Gemeinschaft wollten die Bundesgenossen leben. Die Basis solle das Vertrauen zu der Vertragstreue Preußens sein. Schon in Rücksicht auf die Süddeutschen dürfe man nicht irgend eine Richtung einschlagen, welche mit der Mediatisirung deutscher Fürsten große Aehnlichkeit haben würde. Allerdings sei man weit entfernt, den Entwurf für vollkommen zu halten, werde sich daher für jeden zweckmäßigen Aenderungsvorschlag des zur Berathung berufenen Reichstages keineswegs unempfänglich erweisen. Zudem dürfe man aber nicht vergessen, daß „diejenigen Gegenstände, die der Bundesgesetzgebung vorbehalten" seien oder werden würden, nicht gleich jetzt eingehend erörtert zu werden brauchten. Werde der Entwurf nur angenommen, so sei „für das deutsche Volk die Bahn frei gemacht, und zum Genius unseres eigenen Volkes können wir das Vertrauen haben, daß es auf dieser Bahn den Weg zu finden wissen wird, der zu seinen Zielen führt."

Man sieht, wenn man sich nicht entschließen sollte, den „Genius unseres eigenen Volkes" als ein epitheton ornans für die zwei Drittel Majorität des Bundesrathes anzusehen, steht in dieser Rede kein Wort, welches man auf eine Uebereinstimmung des Grafen Bismarck mit der Competenz-Competenz-Erfindung des Abgeordneten Wagner deuten könnte. Im Gegentheil, die Rede stimmt genau mit den Grundsätzen und Anschauungen überein, welche oben bei Besprechung namentlich der Thronrede als der wesentliche Ausdruck der Preußischen Bundespolitik bezeichnet worden sind.

Mit dieser Rede scheint nun aber nach der Seite der Competenzerweiterungs-Frage eine andere Auslassung des Präsidenten der Bundes-Commissarien — sie ist in der 17. Sitzung am 21. März 1867 erfolgt — in Widerspruch zu stehen. Der Abgeordnete Braun-Wiesbaden hatte zu Artikel 4, wie wir gelegentlich schon erwähnten, ein Amendement eingebracht, nach welchem auch die Feststellung von Minimal-Grundrechten zur Competenz der Bundesgesetzgebung gehören, diese Competenz also erweitert werden sollte. Graf Bismarck äußerte:

„Es handelt sich, wie schon vorher hervorgehoben worden ist, nur „um den Unterschied der Gesetzgebung und der Verfassungsänderung, „um die Frage: ist zur Einführung dieses oder jenes Grundrechts „... erforderlich, daß zwei Drittel der Stimmen im Bundesrathe „dafür vorhanden sind, oder reicht die größere Hälfte hin?"

Anscheinend, wir gestehen es bereitwillig zu, sehr bestimmt. Allein unmittelbar vorher gehen andere Worte: Für den Preußischen Minister sei die größte Sorge einem Amendement gegenüber, ob dasselbe die Zustimmung der übrigen Regierungen erlangen werde? ob an demselben das ganze Bundeswerk scheitern könne? ob es der Mühe werth sei, das Ventil der Maschine auf diese Probe zu stellen? Dann heißt es wörtlich:

„Und in der Beziehung kann ich mich auf die Argumentation „des Herrn Vorredners [des Grafen Schwerin] berufen; ich „glaube, er hat schon dazu beigetragen, die Ueberschätzung des „Werthes dieses Amendements, falls es angenommen würde, zu „vermindern."

Und unmittelbar nachher, d. h. nach den erstausgezogenen Worten folgt die Erinnerung daran, daß es den Grundrechtsfreunden bei einem etwaigen Widerstande der Preußischen Regierung ziemlich gleichgültig sein könne, ob der alleinige Widerspruch Preußens [mehr als ein Drittel aller Stimmen] im Bundesrathe genüge, oder ob Preußen sich noch die Zustimmung Sachsens und einer kleinen Regierung zu seinem Widerspruche erwerben müsse, um mit demselben durchzudringen. Dann wörtlich:

„Von dieser Seite betrachtet, meine Herrn, glaube ich, hat die „Sache für die Freunde des Amendements nicht den hohen „Werth, daß sie darum das Ganze auf die Probe stellen sollten."

Endlich schließt die Rede:

„Wenn ich hier als Abgeordneter spräche, so würde ich „sagen: man kann es annehmen, man kann es ablehnen; ich sehe „darum keine Gefahr für das Vaterland. Als Minister kann „ich nur dazu rathen, es abzulehnen."

Wer diesen Zusammenhang erwägt und die anteacta nebst der ganzen damaligen, zur Eile drängenden Situation berücksichtigt, muß, scheint uns, zu dem Resultate kommen: entweder Graf Bismarck beabsichtigte bei den Verhandlungen mit den, der Vertragstreue Preußens feierlich und wiederholt versicherten, also zur Forderung gegenseitiger bona fides in mehr als dem gewöhnlichen völkerrechtlichen Maaße berechtigten Bundesgenossen diese Clienten Preußens, die als solche schon nach Hugo Grotius in fide sunt patroni, in unerhörter Weise über die Tragweite des Bundes zu täuschen; er betonte fortwährend aufs eingehendste und ausführlichste, daß lediglich bestimmt begrenzte praktische Zwecke die Competenz des Bundes bilden sollten; er versicherte, daß es sich nimmermehr darum handle, ihnen mehr abzunehmen, als was zur Existenzfähigkeit des Bundes unentbehrlich sei; er gieng aber glatt darüber hinweg, daß das Maaß des Unentbehrlichen zwar für jetzt von dem einstimmigen, späterhin aber von dem Majoritäts-Ermessen der Bundesgenossen zu bestimmen, daß also die Beschränkung und Begrenzung der Bundescompetenz ein bloßes Provisorium sei; ja er stellte den ganzen Bundesverfassungs-Entwurf, der nach seiner eignen Ansicht nicht „der Druckerschwärze werth" sein konnte, nur zum Scheine auf so ausführlich angegebene Grundlagen, er zeigte nur zum Scheine diesem oder jenem einzelnen, Concessionen an den Bund widerstrebenden Bundesgenossen Schärfe bald, bald Nachgiebigkeit: das alles waren Scheinmanoeuvres, bestimmt, den eigentlichen Kernzweck des Bundes zu verdecken, der in die wenigen Worte zusammenzufassen war:

§ 1. Die und die Regierungen schließen einen ewigen Bund.

§ 2. Die Bundeszwecke und Bundesverfassung werden durch einen sofort von den Bundesgenossen niederzusetzenden Bundesrath mit Zweidrittel-Majorität festgesetzt.

§ 3. Das Stimmenverhältniß im Bundesrath ist folgendes: Preußen führt 17, Sachsen 4 Stimmen u. s. f.

Das wäre deutsche Treue mit nichten. Das wäre fides Punica. Das wäre aber zugleich plus qu'une faute; denn zum Gelingen dieses Attentates auf die Vertragstreue und die bona fides, die sich Bundesgenossen schuldig sind, würde gehört haben, daß die Bundesgenossen einen deutlicher, als der Artikel 7 es irgend thut, redenden Artikel genau so, wie die Präsidialregierung verstanden oder doch hätten verstehen müssen und gleichwol geschwiegen hätten.

Oder aber Graf Bismarck hat in der am 21. März 1867 gehaltenen und vorher excerpirten Rede gar nicht seine eigene Meinung über Artikel 7 des Entwurfs aussprechen, sondern nur vom Standpunkte der Freunde des Grundrechts-Amendements aus dessen Unerheblichkeit deduciren wollen. Wir brauchen nicht näher nachzuweisen, wie mit dieser Annahme alle Worte der Rede, — etwa mit Ausnahme der Indicative: „Es handelt sich" und „hervorgehoben ist", — ebenso wie die ganze Haltung derselben auch nach dem Maaßstabe der strengsten Interpretation aufs Beste harmoniren.

Und wir wenigstens sind keinen Augenblick in Zweifel gewesen, daß der vielleicht erste durchaus aufrichtige Diplomat, den die Welt gesehen hat, wol vom Standpunkte Andrer reden und seine eigne Ansicht von der Sache reserviren, durch eine obenein plumpe Täuschung aber Bundesgenossen zur bedingten Aufopferung ihrer Existenz verleiten wollen nimmermehr konnte.

Es erübrigt eine Aeußerung des Preußischen Bundes-Commissars von Savigny in der 15. Sitzung vom 19. März 1867. Es lagen damals verschiedene Anträge zu Artikel 3 des Entwurfes vor, insbesondere von drei Mecklenburgischen Abgeordneten und ebenso von dem Aachener Abgeordneten Amendements, die Indifferenzirung der Religion in bürgerlicher Beziehung betreffend. Außerdem waren Zweifel erhoben über die Worte in Artikel 4 al. 1: „soweit diese „Gegenstände nicht schon durch den Artikel 3 dieser Verfassung erledigt „sind." Diese Zweifel beschwichtigte der Commissar durch die Namens der verbündeten Regierungen abgegebene Erklärung:

„daß der Bundesgesetzgebung die fernere Entwickelung auch auf „diesem Gebiete nicht entzogen worden ist, sondern im Gegentheil „vorbehalten bleibt."

Die Conferenzen hatten es also für nothwendig erachtet, an einem Punkte, wo die Competenz allenfalls zweifelhaft sein konnte, dieselbe ausdrücklich dem Bunde zu vindiciren. Eine Genauigkeit, welche alle Beachtung verdient. Den Religions-Amendements gegenüber aber bemerkte der genannte Commissarius: man habe in dieser Beziehung in die Autonomie der einzelnen Staaten nicht eingreifen wollen. Preußen werde an seinen Toleranzprincipien festhalten. Dieselben würden schon ihre „werbende Kraft" äußern.

„Uebrigens wird es künftig an Gelegenheit nicht fehlen, diese „Fragen von Neuem anzuregen, wenn Jemand solcher Aufforderung nicht nachkommen sollte. Dies bleibt eben der Legislative „vorbehalten und gerade ihrer Entfaltung auf diesem Gebiete."

Diese Worte sind also nicht Aeußerungen über die Competenzfrage, sondern Aeußerungen über die Möglichkeit auf der Grundlage der Artikel 3 normirten Competenz der werbenden Kraft der Preußischen Toleranzgrundsätze einen bundesgesetzlichen Nachdruck zu geben. Und diese Möglichkeit wird bejaht. Die Nicht-Toleranz sollte mit andern Worten als Hinderniß der Freizügigkeit von der Bundesgesetzgebung deshalb beseitigt werden können, weil die Freizügigkeit in das Competenzgebiet der Bundesgesetzgebung gehörte. Deshalb redete der Herr Commissarius, der übrigens hier nicht mehr im Namen aller verbündeten Regierungen sprach, nicht von Erledigung, sondern von „Anregung" der durch die Amendements aufgerührten Fragen, nicht von Erweiterung des Gebietes der Legislative, sondern von „ihrer Entfaltung auf diesem Gebiete."

Wir sehen, auch diese Erklärungen der Preußischen Regierung enthalten keine Aneignung jener Ansicht, nach welcher der Artikel 7 des Entwurfs dem Bunde eine Competenz-Erweiterungs-Competenz einräumen soll.

Sollen wir, nachdem die Parteien und die Vertreter der Bundesregierungen nach ihrer Stellung zu unserer Frage an uns vorübergezogen sind, nun noch die Vota einzelner Abgeordneter sammeln? Wir sehen davon ab, obschon sich die Nachweisungen G. Meyer's [Grundzüge des Norddeutschen Bundesrechts 1868. S. 54. Nr. 1] nicht unbeträchtlich würden vermehren lassen. Die Anführungen würden nur Wiederholungen von Ansichten, Gründen und Meinungen bieten, die sämmtlich von uns schon berührt sind.

Nur zwei Aeußerungen sei es gestattet noch anzuführen. Wir haben sie nicht ohne Absicht bis zum Schlusse dieses Abschnittes aufgespart. Denn sie wenden unsere Aufmerksamkeit näher auf die systematisch-juristische Untersuchung, mit welcher sich der folgende Abschnitt zu beschäftigen haben wird. Der berühmte Germanist von Gerber bemerkte in der Generaldiscussion,

> „daß in Bezug auf diese Punkte" [die s. g. constitutionellen Garantieen waren in Frage] „in der Natur des Bundesstaates selbst eine „natürliche Schranke liegt, indem nicht alle Anforderungen, die „wir im constitutionellen Sinne an die Ausstattung eines Parlaments im Einzelstaate richten können, zugleich zutreffen und gestellt „werden können an das Parlament eines zusammengesetzten „Staates, der von vornherein eine vertragsmäßige „Grenze seiner Wirksamkeit und seines Machtgebiets „hat."

Und wenn dieselbe Autorität der heutigen Deutschen Rechtswissenschaft eben diese Rede mit der Ermahnung schloß, nicht „alle Arbeit unserer Nachfolger zu anticipiren", sondern den Entwurf als „erste elementare Grundlage" zu betrachten, so widerspricht diese Mahnung, wie der oberflächlichste Ueberblick schon über die vielen Nummern des Artikels 4 unserer Bundes-Verfassung lehrt, jener prägnanten Bemerkung in keiner Weise.

Schließen wir mit der vielangeführten und wirklich schlagenden Aeußerung eines Mannes, welcher auch in seinem parlamentarischen Beruf die sein früheres amtliches Wirken auszeichnende eminente juristische Begabung nie verläugnet hat. Aus seiner juristischen Ueberzeugungstreue, die er in den mannichfachsten Lagen seines Lebens bewährt hat, erklären wir es uns, daß er in der Competenz-Erweiterungsfrage von seiner Partei, den von Lasker und Miquél geführten Nationalliberalen, sich getrennt hat. Twesten hatte zu Artikel 4 ein, einen wirklichen Fehler des Conferenz-Entwurfs heilendes Amendement eingebracht [jetzt B.-V. 4 Nr. 14]. Gegenüber einer Rede G. von Vincke's und gegenüber einer von ihm, Twesten, nach derselben Seite hin verstandenen, u. E. unpräjudicirlichen Aeußerung von der Heydt's sagte er bei dieser Gelegenheit:

„Dies glaube ich durchaus zurückweisen zu müssen, und gerade besonders im Interesse der kleineren Staaten. Es ist ein allgemeiner „rechtlicher Grundsatz, geltend im Privatrecht, wie im Staatsrecht, „Niemand kann sich selbst seine Competenz erweitern. Eine Competenz, die nicht durch die Verfassung dem Bundesrathe und dem „Reichstag beigelegt wird, können sich diese Körperschaften niemals „später selbst beilegen, wenn es nicht ausdrücklich vorbehalten wird, „daß dies im Wege einer Verfassungsänderung geschehen kann, und „das würde ich doch für höchst bedenklich halten, denn das wäre „allerdings der Weg, durch welchen im Wege Rechtens geradezu die „kleineren Staaten mediatisirt werden könnten. Ich weiß nicht, ob „die Herrn Vertreter der Bundesregierungen sich dem unterwerfen „wollen. Will man das aber nicht, so muß man den Grundsatz „festhalten: der Reichstag und der Bundesrath werden sich künftig „nie eine Competenz beilegen können, die ihnen nicht im Wege der „Verfassung ausdrücklich zugewiesen ist.“

IV.

Gehen wir auf Grund der geschichtlichen Untersuchung, welche wir soeben beendeten, zur rechtlichen Würdigung unserer Frage über, so ist ja von vornherein gewiß, daß das juristische Resultat mit dem Ergebnisse geschichtlicher Prüfung stimmen muß, falls anders die letztere nicht eine fehlerhafte gewesen ist. Aber eben als Probe und Bewährung unserer bisherigen Deduction ist, die so zu sagen systematisch-juristische Prüfung der rechtsgeschichtlichen hinzuzufügen, unerläßlich. Beide werden sich stützen. Und nur wenn uns, daß wir beide wesentlich fehlerhaft angestellt haben, nachgewiesen würde, hätten wir uns zu bescheiden, daß wir in einer sehr festen und sehr reiflich erwogenen Ueberzeugung, sei es aus Unkenntniß, sei es aus Unfähigkeit geirrt hätten.

In der That wird uns nun auch die juristische Untersuchung kein anderes Resultat ergeben, als das, welches wir als die Summe der bisherigen Ausführungen so formuliren dürfen:

1) Eine Befugniß des Norddeutschen Bundes zur Erweiterung seiner Competenz im Wege einfacher Verfassungsänderung würde nur unter einer Voraussetzung vorhanden sein. — Es müßten nämlich

2) die Bundesgenossen Preußens bei Eingehung des Bundes auf die Existenz ihrer Staaten zu Gunsten eines Norddeutschen Einheitsstaates bedingt verzichtet haben. Sie müßten sich also vertragsmäßig einer Existenzbeschränkung über den Competenzkreis der Bundesverfassung hinaus und bis zur Existenz-Vernichtung für den Fall unterworfen haben, daß unter Zustimmung der Mehrheit des Reichstages zwei Drittel der im Bundesrath vereinigten Stimmen jene Beschränkung bzw. diese Vernichtung beschließen sollten.

3) Ein derartiger vertragsmäßiger Verzicht hat nicht stattgefunden.

Mit andern Worten:

1) Eine Competenz-Competenz des Norddeutschen Bundes ist an sich unmöglich;

2) die Competenz-Competenz konnte aber bei Abschluß des Bundes reservirt werden;

3) dieser Fall liegt nicht vor.

Die juristische Probe auf dieses Resultat wird die drei Lesungen des Antrags zu berücksichtigen haben, welchen die Abgeordneten Lasker und Miquél — jetzt in offener Gemeinschaft — bei dem gegenwärtig noch tagenden Reichstage auf Aenderung des Artikels 4 Nr. 13 der Bundesverfassung mit Succeß eingebracht haben. In diesen Sitzungen des Reichstages, genauer in den beiden ersten, am 19. und 28. April laufenden Jahres abgehaltenen, ist unsere ganze Frage zum ersten Male seit Existenz des Norddeutschen Bundes einer offenen und eingehenden Erörterung unterzogen worden. Und, was besonders zu beachten ist, der eigentliche Vater der ganzen Competenz-Competenzidee, der Abgeordnete Wagener-Neustettin, hat sein Kind hier verstoßen und die u. E. correcten Grundsätze mit Nachdruck vertheidigt*); was ihm im c. Reichstage ein „außerordentlich erschlafftes" Streiten um Worte war, die dasselbe bedeuten, ist ihm nunmehr das vollberechtigte, ja pflichtmäßige Betonen eines gewichtigen, für die gesammte Entwickelung der Zukunft des Deutschen Vaterlandes präjudiciellen Unterschiedes, eine patriotische Pflicht geworden. Tempora mutantur etc.

Und nun nach Anleitung der oben gegebenen Disposition zur Sache.

1.

Eine Competenz-Competenz des Norddeutschen Bundes ist an sich ein Ding der Unmöglichkeit. Niemand überall kann über seine Competenz aus eigner Machtvollkommenheit hinaus, — das gilt im gesammten Recht als unbestreitbare Wahrheit.

Das gilt zunächst schon als ein Satz der natürlichen Ordnung aller Dinge. Hier entspricht der Competenz, die ja vom Rechte verliehene Macht und Befugniß ist, die natürliche physische Macht und Fähigkeit. Und es ist kein Zweifel, daß der Mensch z. B. wol wünschen und recht beweglich wünschen kann, „ein Vöglein" zu sein, daß er aber Macht und Fähigkeit eines Vogels zu seiner menschlichen Fähigkeit und Macht hinzuerwerben nicht kann.

---

*) Um die Allegate aus diesen Reichstagsverhandlungen von denen aus den Verhandlungen des constituirenden Reichstages [oben III.] gehörig zu unterscheiden, werden die letzteren im Folgenden allemal als Aeußerungen pp. aus dem c. Reichstage bezeichnet werden.

Im Rechtsgebiete nun charakterisirt sich die natürliche Person des Menschen als das Subject aller möglichen Rechte. Persönlichkeit ist Rechtsfähigkeit, und es gibt keine Befugniß, welche der Mensch als solcher zu erwerben an sich und in thesi vom Rechte verhindert wäre. Die natürliche Person ist mithin von vornherein von unbeschränkter rechtlicher Competenz, eine Competenzerweiterung in diesem Sinne bei ihr undenkbar. Die „Frage" nach der Möglichkeit einer Competenz-Competenz kann hier gar nicht entstehen.

Der natürlichen Persönlichkeit der Menschen treten juristische Personen an die Seite, Menschen-Gemeinschaften, denen nicht als Summen von Individuen, sondern als Gemeinschaften, ferner aber auch Zwecke und Begriffe, welchen juristische Persönlichkeit vermöge einer Fiction beigelegt worden ist oder beigelegt wird. Wie der Mensch vom allmächtigen Schöpfer Himmels und der Erden geschaffen, vom Rechte nur als Persönlichkeit anerkannt ist, so führt umgekehrt die juristische Person ihr Dasein und nicht bloß ihre Anerkennung auf das Recht, auf den Staat, zurück. Milde Stiftungen z. B. sind handlungsfähige Personen in Deutschland erst durch die Reception der fremden Rechte geworden. Früher mußten sie durch Vermittlung von natürlichen Personen erwerben und contrahiren, und nur das hatte kirchlicher Einfluß allmählich durchgesetzt, daß die Heiligen, denen die Stiftung geweihet war, die Mutter Gottes, S. Peter, die heilige Elisabeth 2c. den natürlichen lebenden Personen gleichgestellt wurden; lebten sie doch für den frommen Wahn des in seiner Gesammtheit gläubigen Volkes fast sicht- und greifbar mit diesem fort in den deutschen Domen, in den Klöstern, in den Häusern, auf den Gassen und Landstraßen, in Altardienst, Predigt, in Lied und Legende. — Und wie nun dem Menschen von Gott eine unübersteigliche Schranke seiner Macht und Fähigkeit gezogen ist, so empfangen auch die juristischen Personen von ihrem Schöpfer, dem Rechte oder dem Staate gewisse, nicht minder unübersteigliche Schranken ihrer Competenz. Wie der Mensch nur ein Geschöpf zu ganz bestimmten und begrenzten Zwecken, so ist die juristische Person nur Person zu den bei ihrer Schöpfung von Recht oder Staat genau bezeichneten Zwecken. Wie jenseit der menschlichen Sphäre es wol noch Geschöpfe, nicht aber Menschen gibt, so gibt es jenseit der Competenz einer Corporation wol noch eine Summe von Individuen, aber nicht eine juristische Person. Und consequent dürfen wir endlich hinzusetzen:

Wie über die dem Menschen gesetzte Schranke nur die Allmacht Gottes, so kann über die Competenzgrenze der juristischen Person nur die, freilich beschränkte Macht von Recht und Staat hinüberhelfen.

Setzen wir, der Dautzschen-Schützberger Deichverband, welcher nach §. 1 seines, in der Preußischen Gesetz-Sammlung publicirten Statutes eine Corporation bildet, beschlösse die ihm verliehene Persönlichkeit zu benutzen, um zum Besten der Deichgenossen eine Chaussée zu bauen, ein Bergwerk zu erwerben und zu betreiben oder dergleichen. Der Beschluß wäre unzweifelhaft absolut nichtig in sich.

Was über die Competenz-Incompetenz juristischer Personen hier ausgeführt worden ist, gilt mutatis mutandis auch von jeder rechtlichen Individuen-Gemeinschaft ohne Ausnahme. Durch Vertrag geschaffen kann jede auch nur durch eine neue Vertragsschöpfung ihre Competenz erweitern. Selbst ein mandatum cum libera administratione könnte einen oder mehrere von allen sociis einer Collectivgesellschaft. —, die firmirenden socii, — nicht zur Erweiterung der Societätscompetenz ermächtigen,

vgl. Allg. Deutsches Handels-Gesetzbuch 103;

und wenn der Procurist einer Societät eigenmächtig eine solche Erweiterung selbst zum Nachtheil der socii allerdings vornehmen kann,

ebds. 41—43,

so alterirt das die Competenz-Incompetenz der Societät als solcher natürlich nicht. Auch die Generalversammlung einer Actiengesellschaft kann, worauf bereits der Abgeordnete Windthorst im Reichstage hingewiesen hat, eine „Abänderung des Gegenstandes der Unternehmung" nicht durch Stimmenmehrheit beschließen, „sofern dies nicht" 2c.

ebds. 215.

Ein besonders interessantes Beispiel nach dieser Seite bietet die mit dem Bundesstaate schon von

Hermann Schulze Einleitung in das Deutsche Staatsrecht 1865 S. 205 f. N. 1.

parallelisirte Ehe. Sie ist eine sittliche, durch Vertrag begründete Lebensgemeinschaft der Gatten. Man kann von ihr, namentlich wenn man an deutsche rechtliche Ehegüterrechts-Systeme denkt, in vielem Betracht wol sagen: wo die Ehe anfängt, da hört der Vertrag auf. Wer würde nun aber wol dem Ehemann, weil ihm der Ehevertrag etwa die unbeschränkte Wandelung der Ehepacten freigelassen hätte, für berechtigt halten, seine Ehefrau zu zwingen, daß sie ihr Vorbehaltenes, ihr Einhandsgut als Commanditengeld in sein Geschäft einschieße? Der Ehevertrag gibt eben die Competenzen, die Zwecke der Ehe an, und die dem Ehemanne freigelassene Wandelung der Ehepacten verstünde sich ohne alles Weitere innerhalb dieser Grenzen.

Also jeder menschlichen Gemeinschaft ist eine Competenzgrenze gezogen, die sie sich selbst nicht erweitern kann. Die Gemeinschaft ist nur geschaffen, also nur da und vorhanden zu diesem Zweck. Soll der Competenzkreis erweitert werden, so bedarf es eines neuen Schöpfungsactes. Im Gegensatze hierzu ist der Competenzkreis des Individuum ein unbeschränkter. Es ist da und vorhanden für alle menschlichen Zwecke. Einer Competenzerweiterung bedarf es überall nicht. Der Allgemeinheit dieser Sätze ist sich der Abgeordnete Lasker wol nicht bewußt gewesen, als er im Reichstage das vorher berührte Windthorst'sche Actiengesellschaftsbeispiel abzufertigen versuchte. Seine Bemerkung, der Staat sei eben keine Actiengesellschaft, ist übrigens gerade in seinem Munde eine Concession, an die wir ihn vielleicht ein Mal zu mahnen Gelegenheit finden werden. — Aber gehen wir von dem Menschen zum Staate über.

Der Staat ist der modernen Rechtsanschauung der Mensch im Großen, der Mensch der Gattung. Was vom Individual-Menschen gilt, das gilt, auch so viel die Competenz-Competenz angeht, vom Menschen der Gattung ebenfalls. Der Einzelstaat ist wie der Einzelmensch von unbeschränkter Competenz. Die Staatengemeinschaften haben ihre Competenzgrenze, welche sie sich selbst, als Gemeinschaften, nicht erweitern können; zur Erweiterung ihrer Competenz bedarf es derselben schöpferischen Thätigkeit, welcher die Gemeinschaft selbst ihr Dasein verdankt: eines neuen völkerrechtlichen Vertrages.

Dies gilt von jeder Staatengemeinschaft ohne Unterschied, wenn man von den für unsere Untersuchung ganz gewiß nicht in Betracht kommenden Realunionen absieht. Es gilt insbesondere nicht bloß vom Staatenbunde, sondern auch vom Bundesstaate. Denn wollte man dem letzteren eine Competenz-Competenz zugestehen, so wäre die dem Bundesstaate wesentliche Selbständigkeit der Einzelstaaten principiell nicht mehr vorhanden, es bestünde in Wahrheit keine verfassungsmäßige Grenze, bis zu welcher die Abhängigkeit von der Centralgewalt reichte.

So hat denn auch sowol die Nordamerikanische [Art. V und Art. I § 8], als die Schweizerische Bundesverfassung [Art. 3,

105—107], und es hatte selbst die Deutsche Reichsverfassung — diese freilich, wie wir später noch sehen werden, nur scheinbar — feste, durch Majorität Seitens der Bundesorgane nicht zu beseitigende Competenzgrenzen.

Eine Staatengemeinschaft mit Competenz-Competenz wird ihre Competenz naturgemäß immer mehr und bis zur äußersten Grenze d. h. bis zum Einheitsstaate erweitern; daher ist sie in Wahrheit nicht eine Staatengemeinschaft sondern ein Einheitsstaat mit einer conditio, ja, da diese conditio als eine unzweifelhaft eintretende bezeichnet werden muß, mit einem dies. Eine wahre Staatengemeinschaft kann unmöglich die Befugniß haben, ihre Competenz selbst zu erweitern. Man höhne die Schulunterschiede von Staatenbund, Staatenstaat und Einheitsstaat, die logische und darum unabänderliche Kategorieen sind, denen sich die Praxis in Wahrheit so wenig entziehen kann, als der Logik überhaupt, — man höhne, sagen wir diese Schuldistinctionen nach Gefallen: den Unterschied zwischen Staat und Staatenvereinigung wird man anerkennen müssen. Und dieß Anerkenntnis genügt, um die hinsichtlich der Competenz-Competenz aufgestellte Behauptung unwiderleglich zu machen.

Dieselbe ist denn auch in der Theorie des öffentlichen Rechts wol widerspruchslos anerkannt. Wir führen statt aller an:

Zachariä Staatsrecht I (2) 1853 § 27.

Hermann Schulze a. a. O. § 64.

Vgl. Mejer Einleitung in das deutsche Staatsrecht S. 7 Nr. 7. Auch Heffter's Völkerrecht ist eine Autorität für die Richtigkeit der vorgetragenen Sätze. Nur ist die Fassung der einschlagenden §§ 20, 21, 93 in der uns allein vorliegenden 3. Ausgabe [1855] insofern keine glückliche, als eigentlich ausgeführt nur das für das Völkerrecht ja allerdings in manchem Betrachte wichtigere Verhältniß des Staatenbundes [§§ 21. 93] ist, während über den Bundesstaat [§ 20] ziemlich schnell hinweggegangen wird. Uebrigens beweist ja des berühmten Publicisten Herrnhausbericht, auf welchen oben am Ende von Nr. II Bezug genommen wurde, daß derselbe der richtigen Ansicht und dem gemeinen Schlusse der Rechtslehrer nicht bloß in abstracto, sondern gerade auch in Beziehung auf den Artikel 78 der Verfassungs-Urkunde für den Norddeutschen Bund zugethan ist.

Und so klar liegt die ganze Frage, so weit sie bis hierher verhandelt, daß im Reichstage von unsern Gegnern die besten Juristen am wenigsten im Stande gewesen sind, die logische und praktische Richtigkeit der von einer einhelligen Theorie gebilligten Ansicht, — eben der vorher entwickelten, — in Abrede zu nehmen. Der Verfasser desjenigen civilistischen Werkes, welches unbestreitbar von allen in neuester Zeit an den Büchermarkt gebrachten Arbeiten die größte Bewegung in der Litteratur hervorgerufen hat, Bähr, und der in der Hannöverischen Praxis ähnlich, wie Twesten in der Preußischen hochgeschätzte Praktiker Planck haben die Richtigkeit der jetzt von Wagner und Windthorst vertretenen Meinung so weit zugeben müssen. Und die übrigen Gegner sind wenigstens nicht in der Lage gewesen, sie positiv zu bestreiten; nur Schulze-Delitzsch nunc Berlin führt zur Begründung seines Widerspruchs an, was alle andern für den guten und ausreichenden Grund der widersprochenen Ansicht halten, daß nämlich der Norddeutsche Bund sei „ein bundesstaatliches Staatswesen." Nun dieser Abgeordnete mag immerhin, — wir lassen das hier ununtersucht, — ein großer Nationalökonom und nicht Bastiat-Schulze, er mag immerhin —, wir lassen auch das ununtersucht, — ein gewaltiger Politiker und patriotischer Preuße sein, und sein unvergessenes —, irren wir nicht, auf dem Abgeordnetentage zu Frankfurt a. M. im September 1865 gesprochenes Wort vom Großmachtskitzel seines Vaterlandes mag einen Sinn haben, der dem bloß patriotischen Preußen zu hoch ist: als Jurist jedes Falls ist Schulze nur legitimirt durch seine ehemalige Wirksamkeit als Kreisrichter. Darauf hin wagen wir es denn getrostes Muthes, vor seiner vorhin referirten petitio principii einfach den Rücken zu wenden.

2.

Allerdings läßt sich nun aber in abstracto die Möglichkeit nicht bestreiten, daß eine Reihe selbständiger Staaten einen Einheitsstaat cum die eingehen. Es ist an sich denkbar, daß von ihnen die kleineren sich mit dem mächtigsten dahin vertragen: wir sehen die Nothwendigkeit ein, im Interesse der Nation unsere Selbständigkeit an Dich zu opfern; wir sind zu solchem Opfer bereit; der Uebergang vom bisherigen, etwa staatenbundlichen Zustande zum Einheitsstaate würde aber ein zu jäher und schroffer Wechsel, als solcher der Nationalwolfahrt nicht förderlich sein; wir wünschen daher einen allmählichen Uebergang, der sich am einfachsten so bewerkstelligen lassen wird, daß wir vorerst nur einen Bundesstaat constituiren, uns aber gleichzeitig schon jetzt verpflichten, nach und nach eins nach dem andern von unseren Souveränetätsrechten und zuletzt unsere ganze Selbständigkeit an die Centralgewalt abzugeben, ohne daß es erst eines Verzichts oder einer Uebertragung von unserer Seite bedarf; wann jene weiteren Beschränkungen und wann diese Vernichtung unserer Selbständigkeit eintreten solle? darüber mag die künftige Bundesgesetzgebung entscheiden.

Die Möglichkeit bewußter und absichtlicher Herstellung einer solchen Etappe auf dem Marsche vom Staatenbunde zum Einheitsstaate ist gar nicht zu läugnen. Die Situation von Kleinstaaten, die mit einem mächtigsten Stammesgenossen zu einer mehr als staatenbundlichen Einheit sich zu verbünden in der Lage sind, erzeugt leicht die Berechnung: es sei eine alte Wahrheit,

> accidere plerumque, ut, qui superior est in foedere, si is potentia multum antecellat, paulatim imperium proprie dictum usurpet: praesertim si foedus perpetuum sit et cum jure praesidia inducendi in oppida ..*);

am besten werde man sich noch stehen, wenn man dem superior in foedere die Macht, die ihm mit der Zeit doch zufallen werde, dem Rechte nach von vornherein concedire und nur um Aufschub der Ausübung bitte; denn einmal werde der potentior durch solches Entgegenkommen vinculirt und zu einer schonenden, namentlich allmählichen und schrittweisen Ausführung der einheitsstaatlichen Schöpfung fast genöthigt, und sodann: — Zeit gewonnen, Alles gewonnen. Interim aliquid fit.

Anderer Seits wird freilich aber auch nicht geläugnet werden können, daß ein solches „unverdrossen an sein Verhängniß gehen" verbunden mit dem desperaten Calcule auf ein futurum contingens nicht ein Zeugniß für die politische Fähigkeit und ebensowenig ein Beweis für die Ehrlichkeit derjenigen sein würde, in deren Händen die Leitung der auswärtigen Politik jener Kleinstaaten läge. Etwas Anderes wäre es, wenn sie es als den göttlichen, geschichtlichen Beruf ihres Souveräns anerkennten, seinen Beruf aufzugeben. Gerade eine solche, vielleicht irrige und ideologische, auf alle Fälle aber ehrliche, hochherzige und männliche Anschauung würde aber, so

---

*) *Hugo Grotius* de jure belli ac pacis I. 3 §. XXI.

meinen wir, den offenen und sofortigen Verzicht jenem Provisorium vorziehen, welches doch nur, einem solchen Charakter unzusagende Halbheiten zur Folge hat und mehr der Sinnesart des „après nous le déluge“ entspricht.

Einen interessanten geschichtlichen Commentar erhält das Gesagte durch den § 63 [Art. XIII, Abschnitt II] der von der „Deutschen verfassung gebenden Nationalversammlung beschlossenen und verkündeten“ Deutschen Reichsverfassung vom 28. März 1849. Hier war bestimmt:

„Die Reichsgewalt ist befugt, wenn sie im Gesammtinteresse Deutsch-
„lands gemeinsame Einrichtungen“ —,

wem fällt dabei nicht Miquél's Nationalmuseum ein?! —

„und Maaßregeln nothwendig findet, die zur Begründung derselben
„erforderlichen Gesetze in den für die Veränderung der Verfassung
„vorgeschriebenen Formen zu erlassen.“

Es war — Preußen, welches diesen Paragraphen nicht annehmbar fand und deshalb im Berliner Entwurfe strich,

Zachariä a. a. O. § 27 N. 3, S. 95.

so daß der Entwurf des Dreikönigs-Bündnisses [Glaser, Archiv des Norddeutschen Bundes I, 118] diese Bestimmung nicht enthielt.

Nun immerhin, die Competenz-Competenz eines Staatenvereins ist, falls derselbe nur provisorisch und scheinbar constituirt, in Wahrheit aber nicht sowol ein Staatenverein als ein sub die constituirter Einheitsstaat ist, aber auch nur in diesem Falle eine mögliche rechtliche Annahme.

3.

Dieser einzige Fall nun liegt, so viel die Verfassung des Norddeutschen Bundes betrifft, nicht vor. Eine Behauptung freilich, welcher auch diejenigen unserer Gegner widersprechen, deren juristische Zustimmung uns bis an diesen Punkt begleitet hat.

Stellen wir zuvörderst die Streitfrage etwas pünktlicher und eingehender fest, als dies leider gewöhnlich zu geschehen pflegt. Nicht darum kann es sich handeln, ob der Norddeutsche Bund wirklich ein Bundesstaat ist? Denn für alle Arten von Staatenvereinen gilt, — so sahen wir, — in der uns interessirenden Beziehung ein und dasselbe. Es handelt sich auch nicht darum, ob, nachdem die Verfassung des Bundes in Kraft getreten, überall noch auf Verträge recurrirt werden dürfe? Denn als die alleinige und genugsame Grundlage des gesammten öffentlichen Rechts kann die Verfassungsurkunde höchstens im Einheitsstaate gelten. Wenn daher der Abgeordnete Friedenthal jeden für einen Revolutionär erklärt, der anstatt sich allein an die Bundesverfassung zu halten, außerdem noch auf die Verträge recurrirt, so hat er sich einer petitio principii schuldig gemacht; denn der Einheitsstaat, den seine Behauptung voraussetzt, ist ja erst anzunehmen, wenn die Competenz-Competenz nachweisbar ist.

Die Frage ist einfach die: Ist dem Norddeutschen Bunde eine Competenz-Competenz von dazu berechtigter Seite zugestanden und übertragen worden? oder, da die berechtigte Seite ohne allen Zweifel die einzelnen Bundesregierungen waren: haben alle einzelnen Bundesregierungen dem Norddeutschen Bunde bei der definitiven Gründung desselben Competenz-Competenz eingeräumt? Und diese Frage — so weit stimmen wir dem Abgeordneten Friedenthal bei, — ist allerdings nach Lage der Sache aus der Verfassungsurkunde des Norddeutschen Bundes als aus dem Document, in welchem die Concessionen der Bundesgenossen an den Bund enthalten sind, zu beantworten. Nur müssen wir unsere Differenz dem genannten Reichstagsmitgliede gegenüber insofern constatiren, als wir die Bundesverfassung nicht für ein so empfindliches Wesen halten, daß man derselben nicht mit den Mitteln juristischer Interpretation nahen, oder daß man „den einzelnen Artikeln nicht auf eine gewisse feine, inquisitorische Art zu Leibe gehen" dürfe. Zur Rechtfertigung unserer Fragestellung beziehen wir uns übrigens einfach auf unsere bisherige juristische Entwickelung zurück, nach welcher auch die Formulirung der Frage gestattet sein würde: ist Seitens der Bundesgenossen ein Staatenverein irgend welcher Art oder ist von ihnen sub die ein Einheitsstaat eingegangen worden?

Der auf Einräumung einer Competenz-Competenz gerichtete Wille der Bundesregierungen also müßte aus klaren Worten der Verfassungsurkunde nachzuweisen sein. Wäre er anderweit zwar nachweisbar, hätte aber in der Verfassungsurkunde keinen Ausdruck gefunden, so wäre jene Velleität nicht zum Vertrage geworden, wäre, um ein Bismarck'sches Wort zu gebrauchen, ein „Glaubensbekenntniß ohne Werke" geblieben. Umgekehrt, steht die Competenz-Competenz mit unmißverständlichen Worten in der Bundesverfassung, so nützt den Bundesgenossen die Berufung darauf, daß sie einen Einheitsstaat auch sub die nicht hätten eingehen wollen, jetzt überall nichts mehr. Unmißverständliche Worte hätten sie ebenso wenig, wie etwa der Kaufmann kaufmännische Wendungen im Briefe seines Geschäftsfreundes, mißverstehen dürfen. Waren sie doch von vortrefflichen Juristen und geschulten Staatsmännern vertreten.

Aber unmißverständlich müßten die entscheidenden Worte, Wendungen oder Zusammenhänge der Verfassungsurkunde auch eben wirklich sein. Wären sie zweideutig, zweifelhaft, unbestimmt, so würde nach allbekannten Auslegungsregeln wider denjenigen, qui legem apertius scribere potuisset, und für den zu entscheiden sein, für welchen ein Rechtsverlust auf dem Spiele steht; denn in dubiis id quod minimum est, sequimur. Den Verfassungsentwurf hat Preußen, die Amendements zu demselben der c. Reichstag vorgelegt. Gegen diese würden also etwaige dunkle Stellen auszulegen sein, namentlich würde eine etwaige absichtlich zweideutige Formulirung eines Amendements alle mal der nachweisbaren und hinterher etwa gar eingestandenen Absicht des Amendementsstellers zum Schaden gereichen müssen. — Die Annahme einer Competenz-Competenz setzt ferner die selbständige Existenz der bundesgenössischen Kleinstaaten aufs Spiel. Für diese würden also zweifelhafte Stellen auszulegen sein.

An diesen Fundamenten der folgenden Deduction ändert auch eine etwa in den Debatten des c. Reichstages zu Tage getretene und von vielleicht vielen Rednern vertretene, der Annahme einer Competenz-Competenz günstige Anschauung lediglich nichts. Denn, — wenn es gestattet ist, bereits Gesagtes zu wiederholen, — in der Annahme eines Antrages Seitens der Majorität einer parlamentarischen Versammlung liegt in keiner Weise auch die Billigung der Motive des Antrages eingeschlossen. Und selbst wenn alle Redner sich nicht bloß für den Antrag, sondern auch für die Motive desselben in der entschiedensten Weise ausgesprochen hätten, — es würde dennoch möglich und unter Umständeu selbst wahrscheinlich bleiben, daß die für den Antrag Stimmenden keineswegs mit den Motiven desselben einverstanden waren. Hieraus folgt denn offenbar, daß die Bundesgenossen Amendements des c. Reichstages von zweifelhafter Formulirung in der durch alle oder gar einzelne Reichstagsredner gewiesenen Richtung zu interpretiren bei aller möglichen bona fides doch überall nicht verpflichtet waren.

Gehen wir von diesen Grundlagen aus „den einzelnen Artikeln" der Verfassung nicht bloß, sondern auch den einzelnen einschlagenden

Wendungen und Zusammenhängen „mit einer Manier zu Leibe", so fein, wie es sich für eine juristische Interpretation geziemt und es unsere schwachen Kräfte erlauben. Seien wir auch insofern „inquisitorisch", als das Wesen der inquisitio im Gegensatz zu der auf Präsumtionen und Fictionen beruhenden formalen Beweisführung des Civilprocesses das einer historischen Reconstruction des Thatbestandes ist; gehen wir also thunlichst unter Zuhülfenahme der Resultate unseres II. und III. Abschnittes auch auf eine historische Interpretation der Bundesverfassung ein.

Der Bundesverfassung. Denn soviel den Entwurf derselben betrifft, welcher dem c. Reichstage zur Berathung vorgelegt wurde, so enthält dieser jedes Falls für die Annahme einer Competenz-Competenz weniger Material, als die von den einheitsstaatsdurstigen Nationalliberalen nach dieser Seite amendirte Verfassung selbst. Sollte uns also, wie wir hoffen, der Beweis gelingen, daß die Bundesverfassung eine Competenz-Erweiterungs-Competenz nicht statuirt, so würde der Artikel 7 des Entwurfs dieser Verfassung auf sich beruhen dürfen.

Unsere Beweisführung hat darzuthun einmal, daß die Bundesverfassung eine Competenz-Competenz nicht statuirt, sodann daß die Bundesgenossen keineswegs einen, wennschon *s. v. v.* betagten Einheitsstaat, sondern positiv einen Staatenverein haben eingehen wollen. Wir beginnen mit der

negativen Deduction.

Sechs Gründe sind es, mit denen man dafür streiten kann, daß die Verfassungs-Urkunde für den Norddeutschen Bund eine Competenz-Erweiterungs-Competenz dieses Bundes anerkenne. Sie sind von den Gegnern im Reichstage wirklich vorgebracht. Daß die formalisirende Manier der modernen Publicistik nicht noch andere Gründe beizubringen im Stande wäre, wer möchte das zu behaupten wagen! Gründe sind ja bekanntlich wolfeil. Aber Gründe, die mit „dem Grunde" auch nur Aehnlichkeit haben, — das sprechen wir getrost aus, — gibt es jenseit jener Sechs nicht. Daher dürfen wir meinen, unsere Aufgabe gelöst und unser Versprechen erfüllt zu haben, wenn wir nach einer sorgfältigen und objectiven Würdigung und Abwägung der sechs Gründe zu dem vorbezeichneten negativen Resultate gelangen sollten.

Also:

a.

Der Abgeordnete Braun=Wiesbaden hat im Reichstage nach einigen seinem Temperament entsprechenden Witzen, zu denen wir in seinem Munde —, denn er ist von einer andern juristischen Qualität, als der Abgeordnete Schultze=Delitzsch nunc Berlin, — auch die Vermischung der Begriffe „Deutscher Staat" und „Deutsche Nation" rechnen, und nach einigen schlimmen Phrasen, wie z. B. die oberste Competenz=Instanz „müsse (?) an der Spitze und könne nicht (?) an der Basis sein", auch eine ernsthafte Berufung auf die Nordamerikanische und die Schweizer Bundesverfassung vorgebracht. Auch dort hätte der einzelne Staat bzw. Canton nicht „das absolute Recht des Veto's gegen jede Aenderung der Competenz." Seltsam, diese selbigen Bundesverfassungen, die nicht blos wir oben, sondern z. B. auch H. A. Zachariä in seinem Staatsrecht für die Competenz=Incompetenz eines zusammengesetzten Staates anführen, citirt hier der Abgeordnete Braun für die Competenz=Competenz derselben. Aber das Räthsel wird sich lösen.

Die vom Abgeordneten Braun bezielten Artikel 104 bis 106 der Schweizer Verfassung lauten:

104. Die Bundesverfassung kann jederzeit revidirt werden.

105. Die Revision geschieht auf dem Wege der Bundesgesetzgebung.

106. Wenn eine Abtheilung der Bundesversammlung die Revision beschließt und die andere nicht zustimmt, oder wenn 50,000 stimmberechtigte Schweizerbürger die Revision der Bundesverfassung verlangen und die beiden Räthe die Revision ablehnen, so muß im einen, wie im andern Falle die Frage, ob eine Revision stattfinden soll oder nicht, dem Schweizerischen Volke zur Abstimmung vorgelegt werden. Sofern in einem dieser Fälle die Mehrheit der stimmenden Schweizerbürger über die Frage sich bejahend ausspricht, so sind beide Räthe aufzulösen und neue zu wählen, um die Revision zur Hand zu nehmen.

107. Die revidirte Bundesverfassung tritt in Kraft, wenn sie von der Mehrheit der stimmenden Schweizerbürger und von der Mehrheit der Cantone angenommen ist.

Bei der analogen Benutzung dieser Artikel für die uns vorliegende Frage wird der zwischen der Verfassung der Schweizer= und der Deutschen Staaten bestehende wesentliche Unterschied zu beachten sein.

Der Bund der Eidgenossenschaft ist ein Bund republicanisch-demokratischer, der Norddeutsche Bund wesentlich ein Bund monarchisch-constitutioneller und monarchisch-ständischer Staaten. Der „Mehrheit der stimmenden Schweizerbürger" und der „Mehrheit der Cantone" soll nun nach dem Abgeordneten Braun die Mehrheit — $^2/_3$ Majorität — der bundesgenössischen Monarchen in Verbindung nicht mit der Mehrheit aus den resp. Landtagen, sondern mit der Reichstagsmajorität entsprechen. Wer sieht hier den Schnitzer nicht, dessen sich die Vergleichuug schuldig macht? Ein verbündetes, demokratisch-republicanisch verfaßtes Volk wird parallelisirt mit verbündeten Monarchen. Diese Monarchen sind constitutionelle bzw. an die Mitwirkung von Ständen verfassungsmäßig gebunden. Also, so schließt jeder, der logisch verfährt, genügt die Zustimmung der Majorität dieser Monarchen im Sinne einer Analogie der Schweizerischen Verfassung nicht, sondern jedes Glied der Majorität muß für sein Votum die Zustimmung seiner Landtage haben. Unmöglich kann man doch das monarchisch-constitutionelle Princip in der Weise zerreißen, daß man die Majorität der Souveraine durch die Majorität beliebiger Landtage unterstützen läßt, die mit jenen in gar keiner Beziehung stehen, das Votum des Großherzogs von Mecklenburg ergänzen lassen durch die Majorität der Hessischen Kammern, das des Großherzogs von Hessen durch eine Zustimmung der Mecklenburgischen Ritter und Landschaft? Anders Herr Braun, der sogar noch einen Schritt weiter geht, indem er an die Stelle der Majorität beliebiger Landtage die Mehrheit des Reichstages setzt. Ein kleines quiproquo, welches besonders auffällig für die Bundesgenossen wird, in deren Landen ständische Verfassung gilt; die *μετάβασις εἰς ἄλλο γένος* ist hier gleichsam handgreiflich.

Aber lassen wir das. Versuchen wir es zu glauben, daß der „Mehrheit der stimmenden Schweizerbürger" und der „Mehrheit der Cantone" die Mehrheit der, von der Mehrheit der stimmenden Deutschen „Bürger" gewählten Vertreter entspricht, und daß man alles Mögliche thut, wenn man daneben noch einer Minorität von über $^1/_3$ der einstweilen noch vorhandenen bundesgenössischen Monarchen ein Veto einräumt, natürlich um des lieben Friedens willen! Schwingen wir uns also über die kleinlichen logischen Bedenken hinweg und steigen wir auf den über diese hoch erhabenen Standpunkt des Abgeordneten Braun-Wiesbaden. Auf diesem eignen wir uns denn natürlich auch die vorher als schlimme Phrase bezeichneten Worte an: die oberste Competenz-Instanz „muß an der Spitze und kann nicht an der Basis sein.“ Wir bemühen uns, für dieses „muß“ und „kann nicht“ den Beweis in der eidgenössischen Verfassung aufzufinden. Aber wie? ist denn die „Mehrheit der stimmenden Schweizerbürger“ oder die Mehrheit der Cantone die „Spitze“ des eidgenössischen Bundes? Keineswegs; denn Artikel 55 sagt:

„Die oberste Gewalt des Bundes“ —

und das ist doch auch in den demokratischen Staaten die „Spitze“?

„wird durch die Bundesversammlung ausgeübt, welche aus zwei „Abtheilungen besteht: A. aus dem Nationalrath, B. aus dem „Ständerath.“

Die folgenden Artikel belehren uns, daß der Nationalrath aus directen Wahlen des Schweizer Volkes, der Ständerath aus Abgeordneten der Cantone bestehe, und (Art. 78) daß die „oberste und vollziehende und leitende Behörde der Eidgenossenschaft ein Bundesrath sei, welcher aus fünf Mitgliedern bestehe.“ Es entspricht also für den Norddeutschen Bund etwa der Nationalrath dem Reichstage, der Ständerath dem Bundesrathe, der Bundesrath dem Präsidium. Nicht in die Hände dieses, sondern in die Hände des Volkes und der Cantone ist nun die Competenz-Competenz nach den Artikeln 105—107 gelegt, des Volkes, welches weder Bundesspitze ist, noch Bundesorgan sein kann, sondern der Natur der Sache nach für den Bund ist, was die Corporationsglieder für die Corporation: Grundlage, — — — „Basis“, — der Cantone, welche die Contrahenten des Bündnisses waren. Also auch in der Schweiz: die höchste Competenz-Instanz nicht „an der Spitze, sondern an der Basis“, ganz wie es schon Zachariä angegeben hat.

Mag also immerhin der einzelne Schweizer Canton nicht das „absolute“ Recht des Vetos gegen „jede“ Aenderung der Competenz haben: die Organe des Bundes, also der Bund selbst haben — und darauf kommt es für die gegenwärtige Frage allein an, — die Befugniß ihre Competenz beliebig zu erweitern nicht. Es besteht eine Grenze, über welche hinaus nicht der Bund, sondern die „Basis“ desselben zu bestimmen hat, ob die Competenz erweitert werden soll oder nicht. Daß aber nicht jeder einzelne Canton, sondern nur die Majorität der Cantone ein Veto wider Competenzerweiterungen hat, hängt eben damit zusammen, daß neben den Cantonen auch noch das souveraine Schweizervolk abstimmt. Das Volk ist die einzige Grundlage nicht nur des Cantonal-, sondern auch des Bundesstaates. Der Canton ist nur g. M. als Mandatar seiner Völkerschaft am Bunde betheiligt. Der Volkswille steht, wo es andere Factoren der Bundes- und Staatenverfassung nicht gibt, für die demokratisch-moderne Anschauung naturgemäß höher, als der Wille der Völkerschaft. Eine Parallele mit dem monarchischen Bundesstaate wird hier geradezu unmöglich.

Herr Braun hat hiernach bei seiner Vergleichung der Schweizer mit der Norddeutschen Verfassung nach zwei Seiten hin die zu vergleichenden Punkte in Verwirrung gebracht: er hat Spitze mit Basis, Basis mit Spitze verglichen, und er hat die verfassungsmäßige Stellung eines nicht souverainen mit der von souverainen Völkerschaften in fast unbegreiflicher Weise verwechselt.

Solche quiproquo sind einfach ausgesprochen; wir bedauern, daß dieselben nicht eben so kurz zu widerlegen sind; — am schwersten zu widerlegen ist bekanntlich gerade der einfache Unsinn. Und wir müssen die Geduld des Lesers noch für die Braun'sche Berufung auf die Nordamerikanische Verfassung in Anspruch nehmen.

Indessen etwas kürzer dürfen wir uns wol hier fassen. Der 5. Artikel nämlich dieser Verfassung gibt den Bundesorganen wiederum ganz ausdrücklich keine Competenz-Competenz; vielmehr schlägt nach demselben der Congreß Verfassungsänderungen überhaupt zwar vor; aber die Entscheidung über diese Vorschläge steht bei den einzelnen Staaten, also wiederum bei der Basis, nicht bei der Spitze — weder beim Senate, noch beim Repräsentantenhause — Freilich erfolgt die Entscheidung wieder durch Majorität von drei Viertel jener Staaten, und damit scheint der Uebergang zum Einheitsstaate gegeben, die Analogie mit der zwei Drittel Majorität des Norddeutschen Bundesrathes im Sinne des Abgeordneten Braun hergestellt. Allein an dem Ende desselben 5. Artikels ist gegen diese Eventualität ein kräftiges Bollwerk aufgerichtet, die Competenz-Competenz der Staatenmajorität in einem wesentlichen Puncte beschränkt: kein Staat darf ohne seine Einwilligung seines gleichen Stimmrechts im Senate beraubt werden.

Also auch die Nordamerikanische Verfassung kennt keine Competenz-Competenz des Bundes und zieht der Competenz-Competenz der Staatenmajorität eine gemessene und gewichtige Grenze.

Aber, so kann man schließlich, um die Berufung des Abgeordneten Braun auf Nordamerika und die Schweiz zu rechtfertigen, einwenden: beweisen diese Verfassungen nicht wenigstens so viel, daß im Bundesstaate der einzelne Staat einen Widerspruch gegen Competenzerweiterung nicht haben kann? Nun, wenn es uns gelungen ist, zu erbringen, daß weder in Nordamerika, noch in der Schweiz der Bund eine Competenz-Competenz hat, so fürchten wir diesen Einwand nicht. Denn fremde Verfassungen würden doch nur soweit eine zu Gunsten der Gegner entscheidende Bedeutung für unsere Frage haben, als sie die Competenz-Competenz als Consequenz des Bundesstaates nachwiesen. Dieß thun die vom Abgeordneten Braun in Bezug genommenen Verfassungen nicht. Vielmehr erhärten sie den Satz: daß der Bundesstaat sich selbst seine Competenz nicht erweitern kann, aufs bestimmteste. Daß die einzelnen Staaten der Union, daß die einzelnen Cantone und Cantönli nicht im Stande gewesen sind, ihr Widerspruchsrecht gegen Competenzerweiterung als ius singulorum zu behaupten, oder ein solches sich zu erringen, ist eine Folge der historischen Entwickelung in jenen Ländern, aus der wir politisch vielleicht viel lernen können, die aber juristisch für die Interpretation der Norddeutschen Bundesverfassung so gleichgültig ist, wie der Mann im Monde oder ein emancipirter Nigger, der sich den Namen des Grafen Bismarck beigelegt hat. Wir haben uns weder von einem monarchischen Mutterlande als freie Republik losgerissen, noch haben wir einen Sonderbundskrieg durchgekämpft.

Wir treten also zu

b.

einem zweiten der sechs Gründe. „Gibt es denn irgend eine Verfassung, welche nicht zur Fortentwickelung die Wege angibt? Gibt es denn irgend eine Bundesverfassung, welche nicht über die Erweiterung der Competenz Vorschriften enthält? Die Staaten lösen die Frage verschieden; aber ungelöst läßt sie kein Staat ... Und wir sollten bei Schaffung des Norddeutschen Bundes über diese wichtigste Bestimmung ein Gesetz zu erlassen, gänzlich vergessen haben?“ So äußerte sich der Abgeordnete Lasker im Reichstage, derselbe, der im c. Reichstage das Verfassungsänderungs-Amendement gestellt hatte und insofern Vater des Artikels 78 unserer Verfassung ist. Merkwürdig, daß ihm bei der Rollenverteilung für die betreffende Session seitens der Fraction keine dankbarere Aufgabe zu Teil geworden ist, als die, die Competenz-Competenz mit einem so schwachen Grunde zu befürworten. Sollte etwa eben die Schwäche des Grundes mit dem Renommé der Firma Lasker gedeckt werden?

Also die Norddeutsche Bundesverfassung muß eine Competenz-Competenz kennen, weil „jede Verfassung zu ihrer Fortentwickelung die Wege angibt", weil „ungelöst kein Staat diese Frage läßt." Aber der Norddeutsche Bund ist kein Staat, seine Verfassung keine Staatsverfassung. Und es ist zwischen Staaten und Staatenvereinen aller Art ebenso wie zwischen Menschen und Menschenvereinen der wesentliche Unterschied, daß jene nicht aber diese von principiell unbeschränkter Competenz sind; jene, nicht aber diese können also auch die vorläufig aus Zweckmäßigkeitsrücksichten etwa beschränkte Competenz ihrer Organe erweitern. Der Schluß von Staatsverfassungen auf Bundesverfassungen, insbesondere auch auf die Verfassung des Norddeutschen Bundes ist also unstatthaft.

Der Abgeordnete Lasker hat die „jeden Verfassungen" und die „keinen Staaten" denn wol auch nur verwendet, um einen vorteilhaften Hintergrund zu haben für die pathetische Frage: „Gibt es denn irgend eine Bundesverfassung, welche nicht über die Erweiterung der Competenz Vorschriften enthält?" Muß diese Frage verneint werden, so, scheint es, streitet eine starke Vermuthung dafür, daß auch die Norddeutsche Bundesverfassung derartige Vorschriften enthalte; die gegnerische Interpretation der Bundesverfassung könnte so einen nicht verächtlichen Anhalt gewinnen.

Nun aber lautet die Antwort auf die Laskerische Frage nicht einfach „nein!" sondern etwa: „von den bis jetzt vorhandenen Verfassungen muß man allerdings anerkennen, daß sie die Erweiterung der Competenz in Aussicht nehmen. Bis jetzt gibt es aber nicht, wie man aus der Frage schließen möchte, viele, sondern außer der Norddeutschen nur zwei Bundesverfassungen, die der Union und die der Eidgenossenschaft." Lautet aber die Antwort so, stützt sich die überwältigende Frage: „gibt es denn irgend eine" 2c. nur auf diese zwei einzige Verfassungen: dann darf man von ihr wol sagen parturiunt montes nascetur ridiculus mus. Denn daß die Nordamerikanische und die eidgenössische Verfassung für die Behauptung, dem

Bundesstaate als solchem komme Competenz-Competenz zu, in keiner Weise angeführt werden können, haben wir vorher gesehen.

So dürfen wir denn die Schlußfrage Lasker's: „Und wir sollten bei Schaffung des Norddeutschen Bundes über diese wichtigste Bestimmung ein Gesetz zu erlassen, gänzlich vergessen haben?“ auf sich beruhen lassen. „Wir“ heißt doch wol die verbündeten Regierungen mit ihren Landtagen, Kammern und Ständen? heißt nicht der Reichstag, heißt nicht die Nation? Denn ein „Gesetz zu erlassen“, war ja gewiß zur Zeit des constituirenden Reichstages weder die Nation noch der Reichstag in der Lage, und den „Norddeutschen Bund geschaffen“ hat ebenso weder dieser noch jene. Warum soll nun nur die Alternative bestehen zwischen einem Anerkenntniß der Competenz-Competenz Seitens des Bund-schließenden Gesetzgebers und einer Vergeßlichkeit desselben? Ist denn dazwischen nicht wenigstens die Möglichkeit der Absicht, die Competenz-Competenz auszuschließen? Beweisen nach dieser Seite die Schwierigkeit der Conferenzverhandlungen, die Aeußerung Twesten's im Reichstage, die Thronreden, die Vorgänge in beiden Häusern des Preußischen Landtages und viele andere der oben unter II. und III. berichteten und erörterten Thatsachen gar nichts? Wenn aber, worauf reducirt sich die Frage des Abgeordneten Lasker nach allem nun Bemerkten? Nun, wir meinen auf den Satz, daß bei Gründung oder „Schaffung“ des Norddeutschen Bundes die Einräumung einer Competenz-Competenz an den Bund oder die Majorität der Bundesstaaten nicht zu den Unmöglichkeiten gehört habe.

Das aber wird von uns nicht nur nicht bestritten, sondern ist sogar ausdrücklich — oben IV. 2 — von uns als Consequenz unserer Ansicht bezeichnet worden. Insofern also scheiden wir von diesem Grunde in völliger Uebereinstimmung mit dem vielgewandten Auctor desselben.

c.

Inmitten der eigentlichen Interpretationsfrage führt uns erst der dritte der sechs gegnerischen Gründe. In längerer Rede hat der Abgeordnete Miquél unter Berufung auf die Verhandlungen im c. Reichstage im Reichstage ausgeführt, die Verfassung des Norddeutschen Bundes unterscheide nirgends zwischen Competenz und Verfassung innerhalb der Competenz. Mithin müsse das Wort „Verfasfungsänderungen" im Artikel 78 von Competenzänderungen ebenso gut wie von Aenderungen der Verfassung innerhalb der Competenz verstanden werden. Ubi lex non distinguit, non nostrum est distinguere.

Bleiben wir zunächst bei den Verhandlungen im c. Reichstage stehen. Unser Abschnitt III. ergiebt in dieser Hinsicht: die liberalen Parteien erstrebten eine Competenz-Competenz des Bundes; mit ganzem und klarem Bewußtsein von der Tragweite dieses Strebens that dieß insonderheit die national-liberale Partei; auch ein hervorragendes Mitglied der Preußischen Conservativen trat — kaum mit gleicher Absicht und Umsicht — gleichfalls für die Competenz-Competenz ein; der Großherzoglich Hessische Bundescommissar erklärte sich — für Hessen, nicht auch Namens der übrigen Bundes-Commissarien — in gleicher Richtung. Gleichwohl blieb die Stimmung des Reichstages und namentlich wohl die Prognose über den Erfolg eines, die Competenz-Competenz offen, klar und unzweifelhaft aussprechenden Amendements bei den verbündeten Regierungen eine sehr unsichere. Denn die national-liberale Partei hat nicht gewagt, an den ex professo diesem Punkte gewidmeten Stellen der Berathung offen mit dem Bekenntniß hervorzutreten, daß sie eine bis zur Vernichtung der einzelstaatlichen Existenzen gehende, eine schrankenlose Competenz-Competenz des Bundes, einen Einheitsstaat cum die wolle. Vielmehr ging sie mit den Zwillings-Amendements Miquél [zu Artikel 4—5 des Entwurfs] und Lasker [zu Artikel 7 desselben] nur sehr behutsam vor: vor dem an sich allerdings offenen und deutlichen Amendement Miquél wurde der Schanzkorb des unschuldigen National-Museum" aufgestellt, und das Lasker'sche Amendement, mochte es immerhin, wie jetzt der Abgeordnete Miquél zugesteht „in dem Sinne" gestellt sein, die Competenz-Competenz „klar zu stellen": vorgeblich hatte es damals nur den Zweck, Bedenken darüber abzuschneiden, ob und inwieweit der Reichstag bei Verfassungsänderungen mitzuwirken habe? ob ihm überall eine Mitwirkung? ob ihm auch eine Initiative hierbei zusteht? zu beseitigen*). Sorgfältig wurde auszusprechen vermieden, daß die Amendements den Zweck hätten, die Competenz-Competenz des Bundes zu sichern, welche

*) Die entgegengesetzte Angabe des Abg. Miquél [St. B. 1869. 446.] widerspricht der damaligen Rede Lasker's geradezu. [St. B. des c. R.-T. I. 352.].

durch den Artikel 7 des Entwurfs keineswegs so fest stehe, als der Abgeordnete Wagner anzunehmen geneigt sei. — Nur das die Competenz-Competenz auf keinen Fall offenbar aussprechende Amendement Lasker ward angenommen; das offen redende Amendement Miquél ward verworfen. Warum? wer will das entscheiden. Bei der Debatte haben sich außer dem Amendementsteller die Abgeordneten Graf Bethusy-Huc und Wagener —, letzterer nach seinen späteren Aeußerungen im Reichstage irrthümlich —, für, der Abgeordnete von Thielau*) dagegen sehr deutlich und klar gegen Competenz-Competenz ausgesprochen; der Hessische Bundes-Commissar*) hat sich gegen den Antrag erklärt, weil er, wenn überall etwas, so die Centralisation bedeute, und — was doch auch nicht zu übersehen sein dürfte — in einer früheren Debatte derselben Sitzung hatte Twesten seine klare und präcise Auseinandersetzung über die Widersinnigkeit einer Competenz-Competenz vorgetragen. Wie kann man da entscheiden wollen, unter welchem Eindruck und aus welchen Gründen die Majorität des Reichstages das Amendement Miquél abgelehnt habe? Wie kann man insbesondere behaupten, die Ablehnung sei erfolgt, weil der Inhalt dieses Amendements sich von selbst verstehe?! —

Das Amentement Lasker, das von der national-liberalen Partei „in Reserve gehalten war, damit sie, indem der weitergehende Antrag" Miquél „abgelehnt würde, auch das Geringere erreichte", ging durch. Von Competenz-Competenz war dabei nicht, sondern nur von Verfassungsänderungen die Rede. Wer will bei der soeben resumirten und oben im III. Abschnitte ausführlich entwickelten Lage der Dinge im c. Reichstage behaupten, daß die für Amendement Lasker stimmende Majorität den sorgfältig nicht-ausgesprochenen „Sinn" des Amendementstellers, etwa durch eine Vergleichung des Amendements mit Artikel 23, erkannt und durchschaut hätte? —

Fürwahr, selbst wenn wir der Ausführungen Thöl's ungeachtet den parlamentarischen Verhandlungen über einen Gesetzentwurf den Werth eines wichtigen Interpretationsmittels beilegten, — was wir nach früher Bemerktem entschieden nicht thun —: für die Nothwendigkeit, den Artikel 78 der jetzt vorliegenden Bundesverfassung auf

*) Die über die Debatten des c. Reichstags vom Abg. Miquél im Reichstage [St. B. 1869. 446.] gegebene Skizze ist bezüglich des Hessischen Bundes-Commissars thatsächlich ungenau, bezüglich des Abg. v. Thielau thatsächlich unrichtig. [St. B. des c. Reichstags I. 318. 319.].

Competenz-Erweiterungen zu beziehen, beweisen die Verhandlungen des c. Reichstags — nichts.

Von unserem „Grunde" bleibt also die Behauptung, daß das Wort Verfassungsänderung sich im Artikel 78 auch nach grammatischer Interpretation also sprachlich auf Competenz-Erweiterung beziehe. Diese Behauptung wird so begründet: Verfassung unterscheide nicht zwischen Verfassung und Competenz; zu den durch Artikel 78 auf den Weg der Bundesgesetzgebung verwiesenen Verfassungsänderungen gehörten also auch Competenzerweiterungen.

Die Norddeutsche Bundesverfassung ist ein Grundgesetz. Gleichwohl ist sie den Gesetzen der Sprache und den Regeln juristischer Interpretation unterworfen. Das wird man allenthalben bereitwillig zugeben. In ambigua voce legis ea potius accipienda est significatio, quae vitio caret, praesertim cum etiam voluntas legis ex hoc colligi possit. Das ist eine durch über 1700 Jahre anerkannte juristische Interpretationsregel. Wir glauben aber darthun zu können, daß Miquéls Interpretation dem Gesetzgeber des Artikel 78 ein sprachliches vitium imputirt, nicht minder, daß die u. E. allein richtige Interpretation auf die wahre Absicht des Gesetzgebers hinführt.

Verfassung und Verfassungs-Urkunde sind im constitutionellen Einheitsstaate meist als genau correspondirende Begriffe behandelt. Nach dem constitutionellen Ideal sollen alle wesentlichen Bestandtheile der Staatsverfassung auch in der Verfassungsurkunde enthalten sein. Jede Aenderung jener muß also auch eine Aenderung dieser sein. Es hat hier eine gewisse Berechtigung, die Ausdrücke Verfassung und Verfassungs-Urkunde nicht zu unterscheiden, für beide Begriffe das kurze Wort Verfassung zu gebrauchen.

Im Bundesstaate wie in jedem zusammengesetzten Staate verhält sich dieß nach dem vorher unter IV. 1. Ausgeführten einigermaßen anders. Die Competenz ist hier eine vertragsmäßig bestimmte und nur vertragsmäßig zu erweiternde. Die Competenz-Competenz ist nicht Teil der Verfassung. Wenn nun in der Verfassungs-U r k u n d e eines Bundesstaates die Competenzgrenzen sich aufgenommen finden, so treten auf diesem Punkte die Begriffe Verfassung und Verfassungs-Urkunde auseinander. Der Gesetzgeber, der „Competenz-Erweiterung" durch „Verfassungs-Aenderung" wiedergeben wollte, würde mithin sprachlich unrichtig sich ausdrücken.

Freilich ist es — oben IV. 2. — möglich, daß die Bundesgenossen einen Einheitsstaat cum die eingehen, dem Bunde also Competenz-Competenz einräumen wollten. Ob aber die Norddeutschen Bundesgenossen dieß gethan, soll ja erst durch Interpretation der Verfassungs-Urkunde festgestellt werden. Ohne in einen circulus inextricabilis zu gerathen, kann man also aus jener Möglichkeit — IV. 2. — kein Argument gegen unsere Interpretation entnehmen.

Aber noch mehr. Es ist ganz abgesehen von der Widersinnigkeit einer bundesstaatlichen Competenz-Competenz sprachlich überhaupt incorrect, die Competenz eines Personen- oder Staaten-Vereins zu dessen Verfassung zu rechnen. Wie man wohl von einer Körperconstitution reden, nimmermehr aber den Körper selbst zu dieser Constitution rechnen kann, genau so kann man wol von der Verfassung eines mit dieser oder jener Competenz ausgerüsteten Personen- oder Staaten-Vereins reden, nimmermehr aber diese Competenz, die der Zweck der ganzen Verfassung ist, zur Verfassung rechnen. Mittel und Zweck werden durch solchen Sprachgebrauch in der heillosesten Weise mit einander verwirrt.

Setzen wir, in einem Staate sei zwar zur Entstehung einer Corporation nicht aber zur Aenderung der Verfassung derselben staatliche Genehmigung erforderlich, das Statut äußere sich über den Zweck der Corporation, wie die Norddeutsche Bundesverfassung sich über ihre Zwecke im Artikel 4 äußert, und schließe, ähnlich wie unsere Verfassung in ihrem Artikel 78, mit der Bestimmung, daß das Statut durch Beschluß einer Majorität von zwei Drittel aller Corporationsglieder jeder Zeit soll abgeändert werden können. Würden nach diesem Schlußparagraphen des Statuts die Zwecke der Corporation ohne staatliche Genehmigung erweitert, aus dem Deichverbande etwa eine bergbauende Corporation gemacht werden können? Niemand würde dies annehmen wollen.

Nun ist es freilich richtig, daß eben durch die Sitte, die Competenzgrenzen in die Verfassungsurkunde oder das Statut aufzunehmen, der Unsitte Vorschub geleistet ist, die Competenz, die ja in der Verfassungs*urkunde* bestimmt sei, als Theil der Verfassung anzusehen. Aber eine Unsitte bleibt das, ein vitium, welches man, wenn eine interpretatio vitio carens daneben möglich ist, einem Gesetzgeber nicht zutrauen darf.

Redet nun Artikel 78 der Verfassung des Norddeutschen Bundes nicht von „Veränderungen der Verfassungs urkunde“ oder auch nur von Veränderungen „dieser Verfassung“, sondern von „Veränderungen der Verfassung“, so ist nach dem Ausgeführten die Interpretation des Abgeordneten Miquél sprachlich unzulässig, wie sehr auch die Bundes-Competenz im Artikel 4 der Verfassungs-Urkunde sich bestimmt findet. Wenn das Gesetz nicht unterschiede, darin hat derselbe Recht, so dürfte auch der Interpret nicht unterscheiden. Da aber das Gesetz nicht sagt: „Verfassungs- und Competenz-Aenderungen“, sondern: „Verfassungs-Aenderungen“, so hat sich der Interpret dieser vorhandenen und sprachlich correct ausgedrückten Unterscheidung zu fügen.

Dieß um so mehr, als die sprachlich richtige Interpretation mit dem Willen des „Gesetzgebers“, soweit er überall durch geschichtliche Interpretation zu ermitteln ist, genau übereinstimmt, grammatische und historische Interpretation also dasselbe Resultat ergeben. Den Beweis hierfür gedenken wir im positiven Theile dieser Deduction [unten S. 70 f.] zu liefern.

d.

Wie sehr diese Auslegung des Artikel 78 berechtigt ist, das beweisen diejenigen unserer Gegner, welche nach einem weiteren und räumlicheren Bundeszwecke suchen, um Abänderungen der engen Competenzgrenzen des Artikels 4 unter den Begriff der Verfassungsänderung bringen zu können. Die Abgeordneten Friedenthal und Bähr, — der schon ein Mal erwähnte als Civilist berühmte Praktiker, — haben im Reichstage die Ansicht aufgestellt und zu verteidigen gesucht, daß die Bundescompetenz nicht in dem Artikel 4, sondern im Kopfe der Bundesverfassung und zwar in den Worten:

> „Seine Majestät 2c. 2c. 2c. schließen einen ewigen Bund zum „Schutze des Bundesgebietes und des innerhalb desselben „gültigen Rechts, sowie zur Pflege der Wohlfahrt des deutschen „Volkes“

beschlossen. Innerhalb dieser „glücklicher Weise“ weit und räumlich gesteckten Competenzgrenzen dürfe sich jede Verfassungsänderung frei und unbehindert bewegen.

Wir sind wirklich versucht mit einer sich von selbst erledigenden Frage ad absurdum zu antworten. Zur Ehre Gottes und zum gemeinen Besten haben im Mittelalter Städte ein Bündniß mit einander geschlossen. Das Gesetz dieses Bündnisses, welches der Eingangsformel folgt, gibt als Bundeszweck die Aufrechterhaltung des Landfriedens an. Welches ist die unüberschreitbare Competenz dieses Bundes? der Landfriede oder die Ehre Gottes?! —

Da inzwischen Bähr jene seltsame Ansicht vertreten hat, so ist sie es werth, ernst besprochen zu werden. Derartige Eingänge also, wie der Kopf der Bundesverfassung einer ist, sind formelhafte Vorreden zu Staatsacten; sie bezeichnen häufig resumirend und unter Kategorieen subsumirend, daher aber auch bedeutend verallgemeinernd den Inhalt des von ihnen eingeleiteten Documentes mit kurzen Worten. Verbindliche Kraft haben sie so wenig wie verba legis enunciativa. Sie gleichen dem Eingange einer schulgerechten Relation, in welchem die in Betracht kommenden Rechtsmaterien und etwa möglicher Weise auch das genus actionis angegeben wird. Sie ist was in den mittelalterlichen Formelbüchern die arengae waren; arenga aber ist — nach dem Breviloquus — apta et concors verborum sententia, quae ponitur post salutationem in privilegiis arduorum negotiorum.

Wollte man recht weit mitgehen mit dieser Meinung des berühmten Juristen, so könnte man sagen, der Eingang der Bundesverfassung gebe die Zwecke des Bündnisses an, während die Zwecke des diesem Bündniß entsprungenen verfassungsmäßig organisirten Bundes andere und engere seien. Daraus würde dann höchstens folgen, daß die Bundesgenossen sich untereinander persönlich nach Völkerrecht verpflichtet wären, die Competenz des Bundes zu erweitern und zu diesem Zwecke Zusatzverträge abzuschließen, nicht aber, daß der Bund selbst und seine Organe sich, die in der Verfassungs-Urkunde — sie folgt unserem Eingange als davon durch eine Ueberschrift geschiedener, selbständiger Teil nach! — ihnen zugewiesene Competenz zu erweitern, staatsrechtlich berechtigt wären.

Bähr hat noch den zweiten Artikel der Bundesacte vom 8. Juni 1815 zur Vergleichung herangezogen. Unglücklicher konnte er kaum vergleichen: dieser Artikel ist eben nicht Eingang, nicht arenga, sondern Bestandteil der Verfassung des Deutschen Bundes; aus dem Eingange aber der Bundesacte würde sich auf dem von Bähr betretenen Wege allenfalls etwa zu dem Resultate gelangen lassen, daß „die Bundesversammlung organisch, d. h. durch Mehrheitsbeschlüsse“ über „die Ruhe und das Gleichgewicht Europa's“ hätte decretiren wollen, wovon sie allbekanntlich ungewöhnlich weit entfernt war.

e.

Wir kommen an fünfter Stelle zu einem Grunde, der von uns selbst bereits im III. Abschnitt, wennschon als Scheingrund hervorgehoben, im Reichstage aber von den Abgeordneten Lasker und Planck berührt worden ist: zu dem concentus des 78. mit dem 23. und auch mit dem 5. Artikel der Verfassungs-Urkunde für den Norddeutschen Bund.

Ehe wir auf diesen Grund selbst eingehen, wollen wir Veranlassung nehmen, eine thatsächlich unrichtige Angabe des Abgeordneten Lasker in der Reichstagsdebatte (St. B. 1869 S. 466) en passant zu berichtigen. Die Worte des genannten Abgeordneten nämlich:

„Als einen wichtigen Zweifel hob ich in der Discussion über den „jetzigen Artikel 78 der Bundesverfassung hervor, ob die Com„petenz des Bundes durch ein Bundesgesetz weiter ausgedehnt „werden dürfe,“

können sich höchstens auf eine vom Abgeordneten Lasker beabsichtigte Rede beziehen; denn eine Rede, in der dieses Bedenken berührt worden wäre, hat der Abgeordnete Lasker bei jener Discussion nicht gehalten. Was er damals allein gesagt hat, drucken wir, da die stenographischen Berichte nicht gerade in jedermanns Händen sind, unten*) ab. Man mag dann urtheilen über die freie Reproduction

*) St. B. des c. R.-T. I. 352: „Es herrscht aber bei Vielen ein zweites Be„denken, welches bisher noch nicht widerlegt worden ist, ein Bedenken aus dem Artikel „23, welches mich gleichfalls zu der redactionellen Aenderung bewegen möchte. Der „Artikel 23 lautet: „„Der Reichstag hat das Recht, Gesetze innerhalb der Com„petenz des Bundes vorzuschlagen."" Auch hier kann es wiederum zweifelhaft „werden, und es ist schon vielfach zweifelhaft geworden, wie ich aus den Unterredungen „weiß, ob dem Reichstage die Initiative bei Verfassungsänderungen zusteht. Der „Zusatz: „„innerhalb der Competenz des Bundes"" kann zu verschiedenen Deutungen „Veranlassung geben; man könnte von der einen Seite ausführen, zur Competenz „des Bundes gehören nur diejenigen Gegenstände, welche der Gesetzgebung ausdrück„lich überwiesen sind, es gehören aber Verfassungsänderungen im stricten Sinne „des Wortes nicht zur Competenz des Bundes. Ja ich gestehe, diese Worte scheinen „sogar überflüssig zu sein, wenn sie nicht eine einschränkende Bedeutung haben sollen; „nichtsdestoweniger aber bin ich der Meinung, daß die Abfasser des Verfassungs„Entwurfs eine so weittragende Bedeutung sich bei den erwähnten Worten des Artikels „nicht gedacht haben. Ich glaube deshalb, daß Sie es für mehr, als eine redactio-

mit der der Mann seine eigenen Reden wiedergab, der in derselben Sitzung die Reden anderer aus den „Verhandlungen über die Norddeutsche Reichstagsverfassung“ wörtlich vorlas.

Doch, wie gesagt, das nebenbei, nur um Verdunkelungen des Thatbestandes zu verhüten.

Vergleicht man Artikel 23 mit Artikel 78 der Verfassung des Norddeutschen Bundes, so ist der erste Eindruck offenbar, daß dieser durch jenen seine Limitation erhält. Denn während nach Art. 78 „Veränderungen der Verfassung im Wege der Gesetzgebung erfolgen“ sollen, welche nach Art. 5 „durch den Bundesrath und den Reichstag ausgeübt“ wird, erklärt Art. 23, daß dem „Reichstage „das Recht Gesetze vorzuschlagen“ nur „*innerhalb der Competenz des Bundes* zustehe“.

So ist denn der Art. 23 den Verteidigern der Compentenz-Competenz im Reichstage auch sichtlich unangenehm gewesen. Der Abgeordnete Lasker hat die Berufung des Abgeordneten Wagner darauf, daß nach diesem Art. 23 dem Reichstage bei Verfassungsänderungen keine Initiative zustehe, entgegengehalten: gerade dieses Bedenken habe der Artikel 78 ja beseitigen wollen, wie er, Lasker, als Vater des Artikels doch am besten wissen müsse. Allerdings ein schwaches Argument; denn auch der Amendementsteller Lasker kann sich in seinen Mitteln und in der Handhabung derselben ja wol einmal vergreifen, kann wol einmal vergessen haben, die Worte „innerhalb der Competenz des Bundes“ in Consequenz seines Amendements zu Artikel 7 des Entwurfs streichen zu lassen. Daß er bisweilen etwas vergißt,

„nelle Verbesserung erachten werden, wenn ausdrücklich bestimmt wird, daß im Wege „der Gesetzgebung *Verfassungsänderungen* bewirkt werden können, d. h. also, „*daß auch dem Reichstage die Initiative zusteht.*“ Von Competenzänderungen redet hier wol das Citat [Art. 23.], nicht aber der Abg. Lasker. Nicht richtig ist ferner, daß die beiden Bedenken des Abg. Lasker gegen Art. 7 des Entwurfs damals die gewesen wären: 1. daß der Art. 7 die Initiative des Reichstages auszuschließen scheine, 2. daß der Art. 7 Zweifeln an der Competenz-Competenz Raum lasse. Ausgesprochen hat der Abg. Lasker in Wahrheit nur diese zwei Bedenken: nach dem Art. 7 könne das Recht des Reichstages 1. zur Mitwirkung und insbesondere 2. zur Initiative bei Verfassungsänderungen angezweifelt werden. Das allein hat er in den oben abgedruckten und den diesen voraufgehenden Worten gesagt. Natürlich sind wir sehr entfernt, dem ausgezeichneten Manne und bewährten Parteiführer aus seiner Vergeßlichkeit einen Vorwurf zu machen; wir finden dieselbe vielmehr voll entschuldigt; das Gedächtniß, das im Stande ist, alles zu behalten, was der Abg. Lasker geredet hat, soll wol noch gefunden werden.

haben wir ja soeben an einem deutlichen Beispiele beweisen können. Und hätte er jenes Versehen begangen, was könnte ihm seine gute Absicht nützen? **Quum in verbis nulla ambiguitas est, non debet admitti voluntatis quaestio!** Will der Politiker Lasker dem Gerichtsassessor Lasker etwa diese Interpretationsregel abstreiten?

In geschickterer Weise hat die Verteidigung des Civilrechts-Antrags wider den Artikel 23 der Abgeordnete Planck geführt. Zur Competenz des Bundes gehört nach Artikel 78 auch die Verfassungsänderung, und daher übe der Reichstag nur das ihm vom Artikel 23 eingeräumte Recht aus, wenn er zu einer Verfassungsänderung die Initiative ergreife.

Wir gestehen, daß wir, wenn in der Verfassungsurkunde des Norddeutschen Bundes wirklich, wie die Gegner dieß behaupten, eine Competenz-Competenz gefunden werden müßte, daran, ob der Reichstag dabei die Initiative hätte oder nicht, nur ein sehr geringes Interesse nehmen würden. Denn auch im letzteren Falle wäre, wie früher schon bemerkt worden ist, der Weg der Resolutionen dem Reichstage kaum zu verwehren. Und seitdem die Preußische Regierung als solche und als Regierung des Präsidialstaates den Kampf gegen das parlamentarische Regiment auf den meisten Punkten zu Gunsten eines loyalen Constitutionalismus im Sinne der constitutionellen Theorie aufgegeben hat, würde der Reichstag mit Resolutionen kaum minder weit kommmen, als mit einer förmlichen **rogatio legis**.

Vielleicht erklärt es sich daher, daß wir die Deduction des Abgeordneten Planck zuerst ganz geschickt fanden. Und wir haben ja selbst schon im III. Abschnitt erklärt, daß gerade der **concentus** der jetzigen Artikel 23 und 78 für die Competenz-Competenz u. E. wol mit einem Scheine Rechtens angeführt werden könne.

Der Artikel 23 erteilt, so kann man sagen, dem Reichstage die Initiative innerhalb der Competenz des Bundes. Der Artikel 7 des Entwurfs hatte den Bundesrath zu Verfassungsänderungen mit zwei Drittel Majorität ermächtigt. Wenn nun das Amendement Lasker, welchem der jetzige Artikel 78 entstammt, zu diesem Artikel noch den Zusatz erwirkte, daß Verfassungsänderungen im Wege der Gesetzgebung erfolgen, so kann mit diesem Zusatze weder eine Wiederholung des Artikel 5, noch eine Wiederholung des Artikel 23 bereits Bemerkten beabsichtigt sein. Neben diesen Artikeln kann der Artikel 78, wenn er nichts Selbstverständliches sagen soll, nur bedeuten: nicht bloß innerhalb, sondern auch außerhalb der Competenz des Bundes hat der Reichstag seinen Anteil an der Gesetzgebung, soweit es sich um Verfassungsänderungen handelt. Nimmt man zu diesem, von den Gegnern übrigens nirgends verwertheten Raisonnement die Planck'sche Deduction dann hinzu, so erhält man aus dem Concentus der Artikel 5, 23, 78 einen Beweis nicht bloß für die Competenz-Competenz sondern auch für die Initiative des Reichstages zu Competenz-Erweiterungen.

Wir haben geglaubt, im Interesse der Vollständigkeit auf diese mögliche Combination eingehen zu sollen. Zutreffend oder gar gegen unsere Ansicht beweisend ist sie in Wahrheit nicht. Ueberblickt man nämlich die im Reichstage von beiden Seiten über den Zusammenhang der Verfassungsartikel 23 und 78 geäußerten Ansichten, so streitet die eine Seite dafür, der Artikel 78 setze den Artikel 23 voraus und leugnet, daß Artikel 23 den Artikel 78 im Auge habe, die andere behauptet gerade dieß letztere und läugnet, daß der im Artikel 23 ausgesprochene Vorbehalt für den Artikel 78 noch Bedeutung habe. Beide Ansichten sind mit dem Wortlaut der betreffenden Artikel wol zu vereinigen. Wollte man sie aber deshalb beide billigen, so bezöge sich die Competenz des Bundes in 23 auch auf die Verfassungsänderung in 78 und diese wiederum läge nach 23 außerhalb der Competenz des Bundes. Eine wechselseitige Beziehung zwischen 23 und 78 kann mithin unmöglich angenommen werden. Beide Artikel können also nur in dem einfachen Verhältniß von referens und relatum stehen. Es fragt sich nur: welcher ist das referens? welcher das relatum? Und die Antwort auf diese Frage kann dann u. E. allerdings nicht zweifelhaft sein. Da kein Wort in 23 einen Vorbehalt für 78 ausspricht, so ist der 78. Artikel als der spätere, von seinem Vater mit aller Sorgfalt ans Ende der Verfassungsurkunde gesetzte, das referens, der 23., als der frühere das relatum.

Ist dem so, so hat der Reichstag, obwol nach 78 Verfassungsänderungen im Wege der Gesetzgebung erfolgen, die Initiative hierzu nicht. Und eben damit fällt dann die Möglichkeit per argumentum a contrario aus 23 den Schluß zu ziehen, unter die Verfassungsänderungen in 78 seien auch Competenzerweiterungen zu subsumiren, dahin. Der concentus der Artikel beweist also für Competenz-Competenz nicht das Mindeste.

Sehen wir uns nunmehr die Deduction des Abgeordneten Planck

noch einmal an, so wird sie allerdings in einem minder günstigen Lichte erscheinen. Sie wird dem Vorwurfe der petitio principii nicht entgehen könneu. Der Abgeordnete Planck sagt wörtlich:

„Das Einzige, was man aus Artikel 23 folgern kann, ist, daß,
„so lange der Artikel 4 besteht, der Reichstag nicht befugt ist, ein
„Gesetz vorzuschlagen über irgend einen Gegenstand, der nicht im §",

muß heißen: Artikel,

„4 aufgezählt ist, also z. B. über einen Gegenstand des Civilrechts,
„welches"

muß heißen: welcher,

„nicht zu dem Obligations-, zu dem Handels- und Wechselrecht ge-
„hört."

So weit ist Alles in Ordnung. Nun aber fährt der Redner fort:

„Wol aber ist der Reichstag befugt, eine Aenderung zu Artikel 4
„selbst vorzuschlagen."

— nach welchem Artikel der Verfassung? nach 78? Aber daß dieser Artikel die Intiative zu Competenzerweiterungen dem Reichstage ungeachtet 23 gebe, steht ja gerade zu beweisen?! —

f.

Von größerem Gewichte, als die bisher behandelten scheint der sechste und letzte Grund, welchen die Freunde der Competenz-Competenz im Reichstage aus der Verfassungs-Urkunde des Norddeutschen Bundes durch Interpretation haben deduciren wollen. Wiederum der Abgeordnete Planck hat geäußert: nach dem Eingang der Bundesverfassung haben die Norddeutschen Staaten einen Bund geschlossen, welcher —, so lauten die Worte der arenga, — „nachstehende Verfassung haben" soll. In der unmittelbar auf diese Worte in ununterbrochener Reihe von Artikel 1 bis 79 folgenden Verfassung wird Artikel 4 die Competenz des Bundes in Beziehung auf die Gesetzgebung bestimmt. Der Artikel 4, also die Competenzbestimmung bildet also einen Teil der „nachstehenden Verfassung". Wenn nun Artikel 78 Veränderungen der", — gewiß doch jener „nachfolgenden" — „Verfassung im Wege der Gesetzgebung erfolgen" läßt, so können die, einen Teil eben jener „nachfolgenden Verfassung" bildenden Competenzbestimmungen dem gleichen Schicksale unmöglich entgehen. Unter den Verfassungsänderungen sind Competenzerweiterungen sonach mitbegriffen.

Die thatsächlichen Grundlagen dieser Deduction sind mit der Wirklichkeit in Uebereinstimmung. Die Logik des Raisonnements ist unangreifbar. Und doch wird auch dieser letzte Grund an der — grammatischen Interpretation zu Schanden. Redner unterstellt, daß das Wort „Verfassung" immer dieselbe Bedeutung habe, mit Unrecht. Deshalb ist seine straff logische Folgerung nothwendig fehlsam.

Wir gehen bei dem Beweise dieser Behauptung von den Darlegungen und Erörterungen aus, welche vorher unter c sind gegeben und angestellt worden. Wir behaupten auf Grund derselben: in der arenga bedeutet Verfassung Verfassungs-Urkunde, im Artikel 78 steht Verfassung dagegen in der eigentlichen Bedeutung dieses Wortes.

„Dieser Bund wird den Namen des Norddeutschen führen und „wird nachstehende Verfassung haben,"

so schließt der Eingang der Bundesverfassung. In der darauf folgenden Urkunde finden sich aber — ganz abgesehen von Artikel 4 — eine Reihe von Bestimmungen, welche zur Verfassung im eigentlichen Sinne dieses Wortes ganz unzweifelhaft nicht gehören. Statt aller führen wir das Beispiel des Artikels 79 an. Niemand wird doch ernstlich behaupten, daß es zur „Verfassung" gehört, daß

„die Beziehungen des Bundes zu den süddeutschen Staaten sofort „nach Feststellung der Verfassung des Norddeutschen Bundes, durch „besondre, dem Reichstage zur Genehmigung vorzulegende Verträge „geregelt werden."

Gleichwol ist das der Wortlaut des Artikels 79 al. 1 der „nachstehenden Verfassung." Wenn derartige transitorische Bestimmungen mit wahren organischen Gesetzen zu einem Ganzen vereinigt werden, so kann man dieses Ganze recht wol zwar Verfassungs-Urkunde, nimmermehr aber Verfassung nennen.

Soll nun im Artikel 78 unter „Verfassung" die „nachstehende" Verfassungsurkunde verstanden worden? Soll also zwischen der Feststellung der Verfassung und der Zeit „sofort nach" dieser Feststellung auch eine Veränderung des Artikels 79 vorbehalten bleiben? Wenn aber nicht, so heißt „Verfassung" in 78 auch nicht Verfassungs-Urkunde, sondern eben Verfassung.

Aber, daß Artikel 79 der Verfassungsänderung nicht unterliege, hat gerade durch die Aufeinanderfolge von 78 und 79 angedeutet werden wollen? Nun wol, dann hätte das Wort „Verfassung“ in 78 die Bedeutung von „ein Teil der Verfassungsurkunde, nämlich Artikel 1—77 derselben.“ Warum wählte man für diese fehlerhafte Ausdrucksweise dann nicht lieber die Worte: „Abänderungen der Artikel 1—77“? Soll man dem Gesetzgeber absichtliche Unbestimmtheit zutrauen? oder soll man nicht zu der sich von selbst darbietenden interpretatio vitio carens greifen, daß „Verfassung“ im Artikel 78 eben nicht den ganzen voraufgehenden Teil der Verfassungsurkunde, sondern nur diejenigen Bestimmungen derselben bezeichne, welche in Wahrheit die Verfassung des Bundes betreffen?

Die unter c erwähnte Sitte, Competenzbestimmungen in Verfassungsurkunden aufzunehmen, obwol die Competenz nicht Bestandtheil der Verfassung ist, kommt unterstützend für diese Auslegung in Betracht. Indem der Artikel 78 sagt: „Veränderungen der Verfassung“, und nicht: „Abänderungen der Artikel 1—77“, spricht er es eben, wie es scheint, reicht deutlich aus, daß nicht der ganze Inhalt der Artikel 1—77 „Verfassung“ sei.

Das Rubrum des Artikels „Allgemeine Bestimmungen“ hiergegen anzuführen, wird wol Niemandem ernstlich in den Sinn kommen. Dagegen haben wir auf eine Reihe von Consequenzen ad absurdum aufmerksam zu machen, welche die gegnerische Ansicht zu acceptiren haben wird.

Artikel 1 handelt vom Bundesgebiet. Es werden da die Bundesstaaten einzeln aufgeführt. Artikel 1 ist Bestandteil der Verfassung, die im Wege der Gesetzgebung geändert werden kann. Also wenn zwei Drittel des Bundesrathes ein vom Reichstage eingebrachtes Gesetz:

> Wir Wilhelm von Gottes Gnaden ꝛc. ꝛc. verkünden nach ꝛc. als Gesetz: §. 1. Der Staat Sachsen hört als selbständiger zu existiren auf und wird mit dem Staate Preußen vereinigt. §. 2. Der Bundeskanzler wird mit Ausführung dieses Gesetzes beauftragt,

genehmigen, so ist Sachsen dagewesen. Freilich wendet Hiersemenzel's Commentar hiergegen ein: hiervor gewährten die Worte in dem Eingange, „schließen einen ewigen Bund“ einen festen Schutz. Allein er vergißt, daß die Ewigkeit durch die in antecessum erteilte Einwilligung der Bundesgenossen zu Verfassungsänderungen — vom Standpunkte der gegnerischen Meinung aus — ihre Beschränkung erhalten würde; diese „Ewigkeit“ wäre fürwahr nicht bloß wie „Alles in der Welt", sondern noch in ganz besonderem Sinne — „provisorisch."

Und wäre Sachsen so beseitigt, so wäre der Resorptionsproceß, dem die Kleinstaaten sich „verfassungsmäßig" zu unterziehen hätten, schon erleichtert; das Zusammenbringen von zwei Drittel Majorität würde immer leichter werden.

Fern sei es von uns, die Möglichkeit auch nur zu denken, daß das erhabene Haus der Hohenzollern in dieser Weise jemals vorgehen könnte. Allein die verfassungsmäßige Zulässigkeit eines solchen Verfahrens ist und bleibt eine Consequenz der gegnerischen Ansicht. Dieselbe wird denn auch von einem Anhänger derselben offen und bestimmt behauptet.

F. v. Martitz Betrachtungen über die Verfassung des Norddeutschen Bundes 1868. S. 10.

Wir dürfen jetzt wol auch von diesem letzten Grunde Abschied nehmen. In Art. 78 ist das Wort „Verfassung" buchstäblich zu nehmen, und so genommen schließt es die Competenz nicht in sich. Ehe wir jedoch zu dem positiven Teile unserer Deduction übergehen, sei uns eine Erinnerung an die am Anfang dieses Abschnittes [IV. 3] begründete Fassung unseres Beweisthema gestattet. Wir haben nur zu beweisen, daß der Artikel 78 auf Competenzerweiterung nicht nothwendig bezogen werden muß.

Sollte also auch unsere bisherige negative Deduction nicht im Stande gewesen sein, darzuthun, daß Artikel 78 die Competenzerweiterung positiv nicht gestatte, so würden wir unsere Aufgabe gleichwol dann erfüllt haben, wenn wir von der Zweifelhaftigkeit der Bedeutung des Wortes „Verfassung" in 78 überzeugt hätten. Denn alsdann würden wir erbracht haben, daß die Bundesgenossen den Artikel 78 von Competenzerweiterung nicht hätten verstehen müssen.

Die

positive Deduction

wird darzuthun versuchen, daß gewiß nicht jeder, wahrscheinlich aber keiner der Bundesgenossen bei Eingehung des Norddeutschen Bundes einen Einheitsstaat cum die einzugehen die Absicht hatte, daß vielmehr die Absicht und Meinung aller auf Gründung eines zusammengesetzten oder Staaten-Staates, mag man denselben als Bundesstaat oder als was sonst bezeichnen, gerichtet war. Wir dürften den

Beweis in dieser Hinsicht unsern Gegnern überlassen. Denn nur wenn nachweislich bei Gründung des Bundes alle Bundesgenossen einen bedingten Verzicht auf ihre Selbständigkeit geleistet, dem künftigen Bunde Competenz-Competenz eingeräumt hätten, würde nach dem vorher — IV. 2. 3 i. A. — Ausgeführten gegenwärtig die Competenz des Norddeutschen Bundes ohne neuen Vertrag erweitert werden können. Wir haben aber den Gegenbeweis bereits anticipirt. Unsere geschichtliche Erörterung im II. Abschnitt dürfen wir nur recapituliren, um die Aufgabe des positiven Teiles der juristischen Erörterung zu lösen.

Welches war doch die Situation bei Errichtung des Norddeutschen Bundes? Preußen stand als Sieger da, als Sieger war es aus einem Kriege hervorgegangen, wie ihn die Welt noch nie gesehen hatte. Das Preußische Volk in Waffen hatte unter seinem Heldenkönig und unter der eben so kühnen als einsichtigen Führung der erlauchten Hohenzollern'schen Prinzen seine Schuldigkeit gethan von dem General von Moltcke, dem damaligen Major Grafen von Bismarck und dem greisen „Freiwilligen" Grafen Wrangel herunter bis zum letzten Trainsoldaten. Dem Volke in Waffen hatte das Volk daheim treulich beigestanden ohne Unterschied der Parteien —, den kleinen Mißton, welchen eine undeutsche und unverbesserliche Partei auf der einen und eine conservative Principienreiterei auf der andern Seite anfänglich in die patriotische Erhebung hineinschrillten, übergehen wir hier billig, — ohne Unterschied des Geschlechts hatte Alles für die Armee gesorgt, gearbeitet, geopfert, gelebt. Der siegreiche greise Heldenkönig war der Erste, der solchem Volke die Befriedigung seiner nationalen Sehnsucht zu gewähren, nicht ohne diesen Preis das unnahbare Schwert aus der Hand zu legen entschlossen war. — Das Alles, wir haben es noch in frischem Andenken, und wie sehr wir auch der Preußischen Armee andere Gegner gewünscht haben möchten, als gerade deutsche Bruderstämme: wir danken doch Gott, daß wir als Preußen solche reine Freude an der königlichen Mannheit des Hohenzollern-Hauses und an der kernigen, sittlichen Kraft unseres Volkes, daß wir solches himmelhohe Jauchzen der Vaterlandsliebe damals in unserer Brust empfunden haben.

Aber wer waren doch die Andern, mit denen Preußen den Norddeutschen Bund zu errichten im Begriffe war? Waren es besiegte Kriegsfeinde, welche sich ihm auf Gnade und Ungnade ergeben hatten? Waren es reguli, welche, pochend auf die Traditionen ihrer

Häuser, der siegreichen Großmacht zumutheten, „bis ans Ende der Tage“ sich von ihnen zwicken, prickeln und nörgeln zu lassen? O nein! es waren zum Teil zwar Feinde und Besiegte, solche aber, die als Tapferste der Tapfern unterlagen und einen ehrenvollen, an dem Maaßstabe völkerrechtlicher bona fides zu messenden, feierlichen Frieden mit dem Sieger geschlossen hatten. Es war u. a. ein König Johann von Sachsen, welcher das durch den für ihn unglücklichen Ausgang des Krieges geschaffene Verhältniß in hochherzigster Selbstverläugnung eben so treu und eben so unverbrüchlich zu halten entschlossen war —, und sein Entschluß ist That, wie es das Manneswort ist —, als er vom Standpunkte seiner, wie ihm auch seine Gegner zugeben, gewissenhaft erwogenen Ueberzeugung aus dem ehemaligen Deutschen Bunde die Treue gewahrt hatte. Und es waren nicht bloß Feinde. Zum größern Teile waren es Freunde, Freunde, in deren Landen für das Preußische Heer kaum minder eifrig gebetet, gearbeitet und geopfert war, als in Preußen selbst, Freunde, deren militärische Kraft, wie gering sie auch sein mochte, es Preußen doch erleichtert hatte, mit seiner ganzen Macht im Felde aufzutreten. Noch mehr! es befand sich unter ihnen ein Großherzog von Mecklenburg-Schwerin, ein in seinem Lande von Allen hochgehaltener Herr, welcher sehr gegen den Wunsch seiner im Großen und Ganzen particularistisch gestimmten Stände und „nicht geschreckt“ durch „das Beispiel seines Vorfahren zu den Zeiten des Herzogs von Friedland mit rückhaltloser Bereitwilligkeit“ und „mit eigener Gefahr die Möglichkeit“ zu der „neuen Entwickelung erstritten“ hatte, — ein Herr, welchem Preußen nach diesen authentischen und öffentlich abgegebenen Zeugnissen und Bekenntnissen des Grafen Bismarck „Dankbarkeit“ schuldete. Durchweg waren es aber ursprüngliche oder cooptirte Genossen des Bündnißvertrages vom 18. August 1866, in dessen Artikel I dieses Bündniß bezeichnet war als

> „Offensiv- und Defensiv-Bündniß zur Erhaltung der Unabhängig-
> „keit und Integrität, sowie der innern und äußern Sicherheit
> „ihrer Staaten;“

und nach demselben Artikel treten die Bundesgenossen

> „sofort zur gemeinschaftlichen Verteidigung ihres Besitzstandes ein,
> „welchen sie sich gegenseitig durch dieses Bündnis garan-
> „tiren.“

Das war die Situation. Und ihr gegenüber sollte Preußen auch nur das Verlangen gestellt haben, seine Bundesgenossen möchten sich entschließen, auf ihre Selbständigkeit de jure gänzlich zu verzichten, und mit dem Vorzuge vor dem depossedirten Welfen zufrieden zu sein, daß sie vorläufig noch die Rechte behielten, die einem in bundesstaatlichem Verbande stehenden Staate gelassen werden könnten? vorläufig d. h. so lange, bis es einer Majorität von $^2/_3$ anders beliebe, einer Majorität, welche zum Präjudiz eines Bundesgenossen Preußen jetzt schon bilden kann, wenn es nur noch zwei Bundesgenossen für sich hat und welche nach wenigen „verfassungsmäßigen" Abänderungen des Artikels 1 der Bundesverfassung ganz in den Händen des Präsidialstaates sein würde?

Man wende nicht ein, daß Preußen so nicht vorgehen werde, dafür hätten die Bundesgenossen in der Vertragstreue Preußens eine ausreichende Garantie gehabt. Denn hätte Preußen jenes Verlangen wirklich gestellt, so hätte es eben damit bewiesen, daß es sich in diesem Punkte nicht zu vinculiren wünsche. Man stipulirt nicht, um von der Stipulation keinen Gebrauch zu machen. Man spondirt nicht, weil man hofft, es werde zur Erfüllung nicht kommen; wenigstens Männer thuen das nicht, und Staaten verdienten ja unter das Senatusconsultum Vellejanum gestellt zu werden, wenn sie hierin nicht wie Männer handeln wollten!

Preußen hat ein solches Verlangen gar nicht gestellt. Die Thronreden König Wilhelms, die Ansprache des Grafen Bismarck an die Conferenz der bundesgenössischen Bevollmächtigten, — wir wiederholen die einschlagenden, oben im II. Abschnitt ausgezogenen Stellen nicht, — beweisen das urkundlich für jeden, der der beredten Sprache der damaligen Situation ungeachtet noch Zweifel hegen würde.

Haben nun etwa die Bundesgenossen von sich aus Preußen entgegengebracht, was dieses nicht gefordert hat? Wir brauchen bloß an die Einsamkeit des Oldenburgischen und Gothaischen Bevollmächtigten auf den Conferenzen und an den Nachdruck zu erinnern, womit so König Wilhelm wie Graf Bismarck den Reichstag auf das widerstrebende Zögern der bundesgenössischen sparsamen Concession hingewiesen haben, um jeden Gedanken an solche Möglichkeit zu beseitigen.

Hat sich diese Lage der Dinge während des constituirenden Reichstages verändert? Sind bei der Genehmigung der durch diesen amendirten Bundesverfassung die Bundesgenossen bereit gewesen, zu opfern, was sie vorher festhielten? Ist Preußen durch die Reichsdebatten so zu sagen ermuthigt worden, zu fordern, was zu fordern es vorher für unangemessen hielt? Dafür fehlt jede Spur eines Anhaltes. Aus der Billigung des Artikels 78 eine derartige Wandelung zu schließen, ist, wenigstens wenn unsere negative Deduction auch nur zu irgend einem Teile gelungen ist, unzulässig. In den Debatten des Reichstages aber hat weder ein Preußischer, noch — abgesehen von dem Hessischen — ein bundesgenössischer Commissar seine Zustimmung zu der Competenz-Competenz-Theorie angedeutet. Der Hessische Bundescommissar aber hat sich gleichzeitig gegen das Miquél'sche Amendement zu Artikel 4/5 erklärt, weil er die Centralisation nicht wolle. Mag man über solches Wollen und Nichtwollen mehr oder minder nachsichtig denken: die Einwilligung zu einem Einheitsstaate wird man daraus nicht abzuleiten vermögen. Und vermöchte man es, — eine Schwalbe macht noch keinen Sommer!

Wir sind mit unserer juristischen Ausführung am Ende. Hinzufügen möchten wir derselben noch, daß die gegnerische Ansicht in der Wissenschaft bis jetzt allein an von Martitz a. a. O. einen Anhänger gefunden hat, während G. Meyer [Grundzüge des Norddeutschen Bundesrechts 1868, S. 54 ff.] sich bestimmt für die auch von uns verteidigte Ansicht erklärt. Eine mittlere Stellung nehmen ein der von Meyer citirte Hermann Schulze, außerdem noch von Gerber [Grundzüge eines Systems des Deutschen Staatsrechts, 2. Aufl. 1869, S. 245 Nr. 2]. Eingehende Erörterungen finden sich außer etwa bei Meyer nirgends.

V.

Wir glauben rechtlicher Art dargethan zu haben, daß dem Norddeutschen Bunde nach Artikel 78 seiner Verfassung eine Competenz-Competenz nicht zustehe, daß vielmehr zu jeder Competenzerweiterung derselbe einer Zustimmung sämmtlicher Bundesgenossen, eines Zusatzvertrages oder, was sachlich dasselbe ist, der Einstimmigkeit im Bundesrathe bedürfe. Wir wissen ja freilich, daß die Jurisprudenz in der neueren Politik ein nicht gerade beliebter Mitarbeiter ist; mag sie sich einstweilen noch mit der Abstrafung von Verbrechern und mit der Auffindung von Grundsätzen beschäftigen, nach welchen in concreto diese oder jene zwischen Hinz und Kunz streitige Kuh dem Hinz oder dem Kunz zuzusprechen sei; die Politik soll politisch, nicht juristisch betrieben werden.

Nun auf den Standpunkt des Reichsstaatsrechts möchten wir die deutsche Politik unseres Preußischen Vaterlandes auch just nicht zurückversetzt wünschen. Aber daß, wo Recht Recht bleiben soll und muß, auch die Rechtswissenschaft nicht entbehrt werden kann, daß also der zünftige Politiker und besonders auch der zünftige Diplomat den zünftigen Juristen zu hören und zu respectiren habe: diese Ansicht erlauben wir uns bis auf Weiteres sehr bestimmt festzuhalten.

Zu den zünftigen Diplomaten gehören wir nicht. Und gerade deshalb haben wir unsere politische, sehr unzünftige Ansicht von der uns beschäftigenden Frage von der juristischen — wir hoffen zünftig juristischen — Erörterung derselben gesondert. Unterdrücken haben wir sie nicht wollen, weil sie dazu beitragen dürfte, die Unterstellung, als gehörten wir zu den verrannten Particularisten, wir sagen nicht auszuschließen, — denn welche unzutreffende Unterstellung wäre h. z. T. unmöglich? — aber doch erheblich zu erschweren.

Graf Bethusy äußerte einst im Reichstage den nicht ganz ungewöhnlichen Gedanken, es gebe noch ein anderes, tieferes Fundament von Rechten, als den Vertrag. Eine nähere Ausführung dieser

Worte, eine Application derselben auf die Situation hat er deshalb unterlassen, weil er diese Dinge zu denjenigen rechnet, „qui se font, mais qui se ne disent pas.“ Wir sind nicht so blöde.

Allerdings glauben auch wir, daß es ein anderes, tieferes Fundament von Rechten gibt, als den Vertrag. Das menschliche Recht aber reicht für die Anerkennung und Würdigung dieses Fundaments, eben weil dasselbe sehr tief liegt, nicht aus. Jeder Versuch dazu würde in heilloses Unrecht und frevle Gewalt umschlagen. Wie auf der Erde Dürre und pesterzeugender Wassermangel herrschen kann, obschon tief unten in der Erde Schooß Brunnen die Menge sind, so kann das starre Festhalten am menschlichen, am Vertragsrechte zeitweis unerträgliche Zustände erzeugen, weil man nicht zu jenen tiefsten Fundamenten alles Rechts greifen und auf Grund derselben das obsolete vertragsmäßig erworbene Recht darstellen kann als das, was es ist, als eine Don Quixoterie. Wie aber für die Dürre und den Wassermangel trotzdem eine Hülfe bereit ist — denn „Gottes Brünnlein haben Wassers die Fülle!“ — so liegt die Abhülfe auch für jene Carricaturen menschlich-rechtlicher Zustände in dessen Hand, der die Geschicke der Völker bestimmt und die Herzen der Menschen lenkt wie Wasserbäche.

Nun wird freilich die Geschichte, auf deren heilende Kraft wir hiermit verwiesen haben, nicht von selbst; Menschen sind die Werkzeuge, durch die unser Herr Gott sie „macht“, und die Diplomaten und Staatsmänner vor Allen haben den Beruf, als solche Werkzeuge zu wirken, so lange es Gott gefällt. Aber als Menschen sind sie wie jedes Menschenkind dem menschlichen Recht nach Gottes Willen unterworfen. Andere Factoren sind es, mit welchen sie in den durch das Recht gezogenen Grenzen der Don Quixoterie des Rechtstitels die Gegenrechnung zu machen und deren Anerkennung, wenn's sein muß durch die **ultima ratio Regis** in gerechtem Kriege, zu erzwingen haben.

Fiat applicatio! Das thatsächliche Uebergewicht Preußens wurde im Deutschen Bunde ignorirt. Man majorisirte einen Staat, auf dessen Wehrhaftigkeit Deutschlands, des ganzen Deutschlands Sicherheit und Ansehen dem Auslande gegenüber, insofern Deutschlands Existenz beruhte. Man that dieß auf Grund eines „im Namen der allerheiligsten und untheilbaren Dreieinigkeit“ geschlossenen Vertrages. Preußen hat das aus diesem Vertrage entsprungene Recht heilig gehalten, ist seinen Weg unbeirrt weitergegangen, und als das Maaß voll war, kam die Zeit, wo es das tiefe Fundament seines Rechts dem vertragsmäßigen Rechte gegenüber ohne Bruch des menschlichen Rechts zur Geltung bringen konnte. Die Fesseln des Bundes fielen, zersprengt nicht von ihm, sondern von seinen Gegnern; die reale Macht war der realen Ohnmacht gegenübergestellt; diese, die in Kraft des vertragsmäßigen Rechts mit der Souveränetät sich gebrüstet hatte, mußte nun erfahren, was es heiße, als Souverän behandelt, debellirt, depossedirt zu werden.

Wer nicht ein Völkerrecht träumt, in welchem der Titel „Eroberung" und der Proceß „Krieg" fehlen, kann u. E. über das Jahr 1866 nicht anders urteilen, als daß Preußen ohne Bruch des menschlichen Rechts seinem weltgeschichtlichen, seinem göttlichen Berufe die ihm gebührende Anerkennung verschafft hat.

Und nun zu unserer Frage!

Mag sein, daß Preußen den Beruf hat, nicht blos an die Spitze, sondern an die Stelle Deutschlands zu treten. Mag sein; aber entschieden ist das noch keineswegs. Vielmehr weist der ganze Verlauf der Deutschen Geschichte ziemlich nachdrücklich darauf hin, daß bei allem in der Liebe zur Wehrhaftigkeit wurzelnden Einheitsdrange dem Deutschen Volke ein tiefer Hang zur Particularität eingepflanzt ist, welcher in der Liebe zur Freiheit —, dieß Wort natürlich nicht im 1848er Sinne genommen, — begründet ist. Zwei Mal sind deutsche Stämme zu einem Einheitsstaate zusammengeschlossen gewesen: im karolingisch-fränkischen und im Deutschen Kaiser-Reiche des Mittelalters. Der karolingische Riesenbau ist zerfallen und die Deutsche Kaiserherrlichkeit ist ins Grab gesunken. Sollte es die Aufgabe unserer Tage sein, den Versuch zum dritten Mal zu wagen auf die Gefahr hin, daß derselbe kläglicher und nachhaltiger scheitert, denn je zuvor? Oder sollte nicht richtiger als die Mission Preußens die zu bezeichnen sein, die Versöhnung der entgegengesetzten Strömungen in dem Charakter des Deutschen Volks, des „herrlichsten von allen", zu suchen? Und wenn das richtiger ist, meint man diese Versöhnung etwa auch im Einheitsstaate durch das Zauberwort provincieller Selbstregierung finden zu können? O! daß man sich nicht täusche: die provincielle Autonomie erzieht bei dem Deutschen Charakter selbständige Staaten. Der Einheitsstaat, der Deutschland zusammenhalten sollte, müßte ein sehr straff centralisirter sein. Und dazu, zu Präfectenwirthschaft, ist unser Volk, Gott sei Dank! noch nicht reif!

Also einstweilen dürfte Preußen den Einheitsstaat auf keinen Fall als bestimmtes Ziel ins Auge fassen. Vielmehr hätte es den Norddeutschen Bundesstaat, allerdings als Anfang zu Mehrerem und Größerem, aber als Bundesstaat zu pflegen. Und wenn auf diesem Wege in dem Widerstreben der Bundesgenossen Schwierigkeiten sich finden? Nun unüberwindlich werden die nicht sein. Aber sollte selbst das verfassungsmäßige und Vertragsrecht der Bundesgenossen wieder in ähnlicher Weise gemißbraucht werden, als es im Deutschen Bunde s. Z. von manchen Seiten gemißbraucht worden ist, — der Tag wird dann auch wieder und zwar zu seiner rechten Zeit kommen, wo Preußen seinen historischen Beruf ohne Rechtsbruch zur Geltung bringen kann und bringen wird.

Nur auf diesem Wege kann die Versöhnung zwischen Deutscher Einheit und nicht minder Deutscher Besonderheit gefunden werden, die die Bürgschaft des Friedens und der Dauer in sich trägt. Nur auf diesem Wege kann sich herausstellen, wie weit ohne Schädigung Deutsches Wesens der Bau des Norddeutschen Bundes sich erweitern, harmonischer, einheitlicher gestalten läßt. Kommt es auf diesem Wege zum Einheitsstaate, so wird kein Verständiger den „berechtigten Eigenthümlichkeiten" eine Thräne nachweinen.

Aber ob es dazu kommt? ob es auch nur zweckmäßig ist, das anzustreben? wir wiederholen es, kann jetzt noch Niemand übersehen.

Ἀλλὰ ταῦτα δὲ πάντα θεῶν ἐν γούνασι κεῖται.

Und deshalb kann Preußen auch abgesehen von der rechtlichen Lage der Sache kein wahres und wolbegründetes politisches Interesse an der gegnerischen Auffassung des Artikels 78 haben. „Wo das thatsächliche, das selbstverständliche Uebergewicht", wir reden mit Worten des Abg. Miquél, „ganz entscheidend ist, da bedarf es eben nicht so sehr der vorsichtigen, verfassungsmäßigen Form."

Man will Süddeutschland dem Bunde befreunden, damit aus dem einigen Norddeutschland allendlich „das ganze Deutschland" werde. Es sprechen nicht zu unterschätzende Anzeigen dafür, daß man in Süddeutschland auf seine Particularität etwas hält. Ob man je in die Lage kommen wird, Süddeutschland zu erobern? Möglich, möglich auch nicht. Man wird einstweilen den Süden doch nicht zurückstoßen wollen. Ein, nur provisorisch durch bundesstaat=

liche Organisationen verdeckter Einheitsstaat ist es aber nicht, was den Süden anzuziehen vermag. Dieß um so weniger, je zweifelhafter mindestens doch der Rechtstitel ist, welchen Artikel 78 der Norddeutschen Bundesverfassung für die Ausübung einer Competenz-Competenz zu gewähren vermag.

In Summa: „Das Ehrbar hangt dem Nutzen an, Daß es kein Mensch je trennen kann.“ Das halten wir auch für eine politische Wahrheit. Und daß das auch der Mann thut, der von dem Allerdurchlauchtigsten Bundespräsidenten an die Spitze des Norddeutschen Bundes gestellt worden ist, dafür bürgen uns seine echt deutschen Worte: „Wir wollen nicht in einer gewaltthätigen, sondern in einer rechtlichen Gemeinschaft leben.“

Druck von B. G. Teubner in Leipzig.

FSC
www.fsc.org
MIX
Papier | Fördert gute Waldnutzung
FSC® C083411

Kolibri 360 GmbH
Ferdinand-Jühlke-Straße 7
99095 Erfurt, Deutschland
produktsicherheit@kolibri360.de